(사)한국어문회 주관 | 교육급수

한자능력 검정시험

8급
7급Ⅱ

기출·예상 문제집

배정한자 + 기출문제 완벽 반영!
예상문제 각 5회 + 기출 · 예상문제 각 5회 수록!

- 한자어의 이해와 활용능력을 길러주기 위한 다양한 유형의 문제 수록
- 본 시험과 같은 유형의 기출 · 예상문제 수록
- 실제 시험처럼 연습할 수 있는 답안지 수록

한자능력검정시험 8급 · 7급Ⅱ

기출 · 예상문제집

머리말

문자는 언어를 체계화하여 인간의 내면세계를 구체화하고 서술하는 데에 필요한 도구이다. 따라서 한 나라의 문자 정책은 그 나라의 이상과 추구를 구체화하며 아울러 세계 인류의 의식세계를 교류하는 데에 가교架橋 역할을 한다.

지금 우리나라는 문자 정책의 혼선으로 말미암아 어문 교육 정책은 실마리를 찾지 못하고 있으며, 사회 각처에서의 언어적 무가치와 무분별한 외래어 남용을 해소할 수 없어 내 나라 내 글인 한국어의 우수성을 저버리고 있다.

새삼 한국어의 구성을 강조하지 않더라도 한국어는 한자와 한글로 구성되었음은 누구나 아는 사실이다. 특히 그 구성에 있어서 한자 어휘가 약 70% 이상을 차지하고 있으므로 한자와 한글을 따로 떼어서 교육하려는 것은 굴대에서 바퀴가 빠진 수레를 몰고자하는 것과 같다. 그럼에도 불구하고 학자들 간의 이권利權으로 말미암아 어문 정책이 양분되어 논쟁을 벌이는 것은 불필요한 지식 소모에 지나지 않는다.

이로 인하여 **(사)한국어문회**에서는 우리글인 한국어를 올바로 인식시키고, 고급 지식의 경제 생산을 이룩하기 위하여 초등학생부터 일반인에 이르기까지 '한자능력검정시험'을 시행하고 있다. 매년 수험생이 증가하고 있어 다행한 일이라 여겨지기는 하나 전국민이 학교의 의무 교육으로부터 올바른 한국어 교육을 받을 수 있도록 정책을 세우는 것보다는 못할 것이다.

한편 사회 각처에서 국한國漢혼용의 필요성이 대두되면서 한자교육학회의 난립과 한자검정시험이 난무하고 있어, 오랜 세월 학자들이 주장해온 국한 혼용의 본래 취지와 한국어 교육의 참뜻을 저해할까 두려운 마음이 앞선다.

다행히 무분별한 외래문화의 수용 속에서 우리 것을 바로 알고 지켜나가는 **(사)한국어문회**가 어문 정책의 일환으로 추진하는 '한자능력검정시험'이 꾸준히 뿌리를 내리고 있어 한결 마음 뿌듯하며, 한국어 학습자와 수험생에게 조금이나마 보탬이 되고자 이 책을 펴낸다.

원 기 춘

차례

- 머리말 3
- 차 례 4
- 시작하기 전에 5
- 출제기준 6
- 100% 내 것으로 만들기 7
- 꾸준이의 일기(성적) 8
- 급수별 배정한자(8급 ~ 7급Ⅱ) 9
- 시험에 꼭 출제되는 꾸러미 11
- 8급 예상문제(1회 ~ 5회) 19
- 8급 기출·예상문제(1회 ~ 5회) 41
- 8급 정답 및 해설 53
- 7급Ⅱ 예상문제(1회 ~ 5회) 71
- 7급Ⅱ 기출·예상문제(1회 ~ 5회) 93
- 7급Ⅱ 정답 및 해설 105
- 쓰기연습(8급 ~ 7급Ⅱ) 123

시작하기 전에

01 본 문제집은 급수별 시험에 대비하는 학생이나 사회인이 한자어의 이해와 활용 능력을 기르는 데에 도움이 되도록 엮은 것이다.

02 본 문제집은 (사)한국어문회에서 주관하고 한국한자검정회에서 시행하는 한자능력검정시험의 출제유형에 따라 예상문제와 기출·예상문제를 구성한 것이다.

03 본 문제집은 한자능력검정시험과 같이 문제지와 답안지를 별도로 수록하여, 본 시험에 대비해 보다 실전에 가까운 체험을 할 수 있도록 꾸며졌다.

04 본 문제집은 먼저 답안지에 1차 답안을 작성하여 채점한 후에 틀린 부분을 문제지에서 다시 풀어 볼 수 있도록 구성하였다.

05 본 문제집의 예상문제는 출제기준에 따라 각 급수에 배정된 한자의 범위 안에서 엮은 것으로, 본 시험에 가깝게 난이도를 조정하였으며 별도로 정답과 해설을 수록하여 문제의 이해를 높이려고 하였다.

06 (사)한국어문회에서 주관하고 한국한자검정회에서 시행하는 한자능력검정시험은, 급수별로 8급(50자) / 7급Ⅱ(100자) / 7급(150자) / 6급Ⅱ(225자) / 6급(300자) / 5급Ⅱ(400자) / 5급(500자) / 4급Ⅱ(750자) / 4급(1,000자) / 3급Ⅱ(1,500자) / 3급(1,817자) / 2급(2,355자) / 1급(3,500자) / 특급Ⅱ(4,918자) / 특급(5,978자) 등에 배정된 한자의 범위에서 출제되고 있어서 국내 여러 한자검정시험 중 급수별로 가장 많은 배정한자를 지정하고 있다.

07 한자 관련 시험의 종류로는 (사단법인)한국어문회에서 주관하고 한국한자능력검정회에서 시행하는 한자능력검정시험과 국내 각종 한자자격시험 및 한자경시대회 등이 있다.

출제기준

- 상위급수 한자는 모두 하위급수 한자를 포함하고 있습니다.
- 쓰기 배정 한자는 한두 급수 아래의 읽기 배정한자이거나 그 범위 내에 있습니다.
- 공인급수는 특급 ~ 3급Ⅱ이며, 교육급수는 4급 ~ 8급입니다.
- 출제기준표는 기본지침자료로서, 출제자의 의도에 따라 차이가 있을 수 있습니다.
- 급수는 특급, 특급Ⅱ, 1급, 2급, 3급, 3급Ⅱ, 4급, 4급Ⅱ, 5급, 5급Ⅱ, 6급, 6급Ⅱ, 7급, 7급Ⅱ, 8급으로 구분합니다.

구분	특급	특급Ⅱ	1급	2급	3급	3급Ⅱ	4급	4급Ⅱ	5급	5급Ⅱ	6급	6급Ⅱ	7급	7급Ⅱ	8급
독음	45	45	50	45	45	45	32	35	35	35	33	32	32	22	24
한자쓰기	40	40	40	30	30	30	20	20	20	20	20	10	0	0	0
훈음	27	27	32	27	27	27	22	22	23	23	22	29	30	30	24
완성형(成語)	10	10	15	10	10	10	5	5	4	4	3	2	2	2	0
반의어(相對語)	10	10	10	10	10	10	3	3	3	3	3	2	2	2	0
뜻풀이	5	5	10	5	5	5	3	3	3	3	2	2	2	2	0
동음이의어	10	10	10	5	5	5	3	3	3	3	2	0	0	0	0
부수	10	10	10	5	5	5	3	3	0	0	0	0	0	0	0
동의어(類義語)	10	10	10	5	5	5	3	3	3	3	2	0	0	0	0
약자	3	3	3	3	3	3	3	3	3	3	0	0	0	0	0
장단음	10	10	10	5	5	5	3	0	0	0	0	0	0	0	0
한문	20	20	0	0	0	0	0	0	0	0	0	0	0	0	0
필순	0	0	0	0	0	0	0	0	3	3	3	3	2	2	2
출제문항(計)	200			150			100				90	80	70	60	50
합격문항	160			105			70				63	56	49	42	35
시험시간(분)	100	90		60			50								

- 한자능력검정시험은 《(사)한국어문회》가 주관하고, 《한국한자능력검정회》가 1992년 12월 9일 전국적으로 시행하여 현재에 이르기까지 매년 시행하고 있는 국내 최고의 한자자격시험입니다. 또한 시험에 합격한 재학생은 내신 반영은 물론, 2000학년부터 3급과 2급 합격자를 대상으로 일부 대학에서 특기자 전형 신입생을 선발함으로써 더욱 권위있고 의미있는 한자자격시험으로 인정받고 있습니다.
- 《(사)한국어문회》는 1992년 6월 22일에 문화부 장관 인가로 발족하고, 그 산하에 《한국한자능력검정회》를 두고 있습니다.
- 한자능력검정시험은 국어의 전통성 회복과 국어 생활을 바르게 하는 데에 그 목적이 있습니다. 따라서 시험에 출제되는 내용은 교과서·교양서적·논고 등에서 출제될 것입니다.

100% 내 것으로 만들기

이 책은 '한자능력검정시험'에 대비하여 자신이 그동안 공부한 것을 평가하고, 자신에게 부족한 것이 무엇인가를 확인할 수 있도록, 시험 출제 가능성이 큰 내용을 위주로 엮은 것입니다.
아래의 길라잡이는 수험생이 자기 실력을 향상시키는 데에 도움이 될 수 있는 요점을 정리한 것이니, 이 책을 학습하기 전에 꼭 읽어보도록 하세요.

- **문제 풀이하기** 시험지가 몇 회인지, 시험 시간과 출제 문항수를 확인하고, 문제지 뒤에 붙어있는 답안지를 오려서 문제 번호를 확인하며 답안을 작성합니다.

- **정답 및 해설 확인하기** 시험을 마친 후에는 정답의 번호를 확인하며 답안지에 틀린 것을 표시합니다. 그런 다음에는 틀린 문제의 해설을 확인하고 오답의 이유가 무엇이었는지를 알아야 합니다.

- **학습 효과 높이기** 틀린 문제를 공책에 별도로 적어두었다가 반복하여 쪽지 시험으로 확인하면 학습의 효과를 높일 수 있습니다.

- **자신의 실력을 인정하기** 문제를 풀이한 후에 점수가 70점이 넘지 않은 수험생은 기초가 튼튼하지 못하다는 것을 스스로 인정하고, 문제집 앞에 수록된 배정한자, 반의어, 유의어, 한자성어 등을 학습하여야 합니다. 기초가 튼튼하지 않으면 공부를 해도 실력이 향상되지 않기 때문입니다.

- **기초 튼튼 다지기** 먼저 불투명한 종이로 배정한자의 훈과 음을 가리고 한자만을 보고 훈과 음을 읽는 연습을 합니다. 그런 다음에는 한자를 가리고 훈과 음만을 보고 한자 쓰기 연습을 합니다.
무엇보다 자신의 실력을 인정하고 부족한 것부터 채워가는 노력이야말로 최고의 학습 방법입니다.

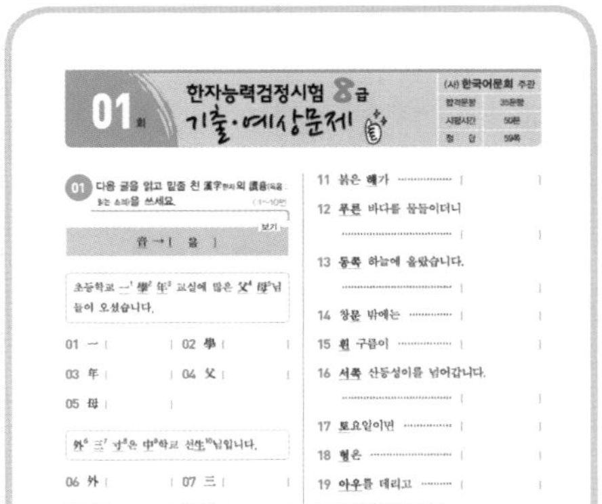

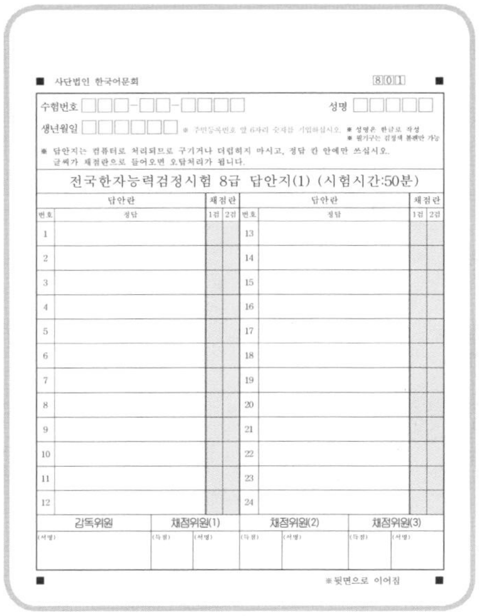

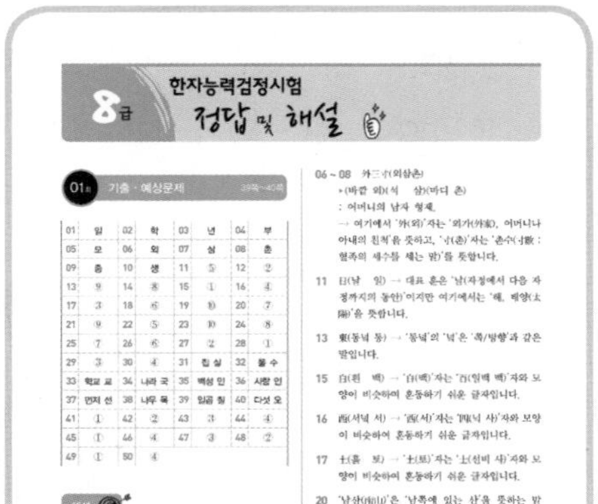

꾸준이의 일기

성적(成績)

오늘은 한자 시험을 치르는 날이었다.

"70점만 받으면 합격이다!" 그 정도 점수를 얻는 것은 그렇게 어려울 것 같지 않았다.

하지만 선생님께서 "성적은 쌓는 것이 아니라, 천을 짜는 것과 같은 것이다."라고 하신 말씀이 생각났다.

오늘 점수 50점과 내일 점수 50점을 합친다고 해서 온전한 100점이 될 수 있는 것이 아니라는 말씀이셨다.

예를 들어, 100점이 '옷 한 벌을 지을 수 있는 천을 짠 것'이라면 70점은 같은 수고를 했으면서도 '옷 한 벌을 온전하게 지을 수 없어서 나중에 30점을 더해도 누더기 옷을 지을 수밖에 없다'는 것이다.

"아, 100점으로 합격해서 멋진 옷을 만들어 입고 싶다!!"

✓ '성적(成績)'은 '이룰 성(成)'자와 '길쌈 적(績)'자로 이루어진 한자어입니다. '길쌈 적(績)'자와 '쌓을 적(積)'자를 구별하세요!

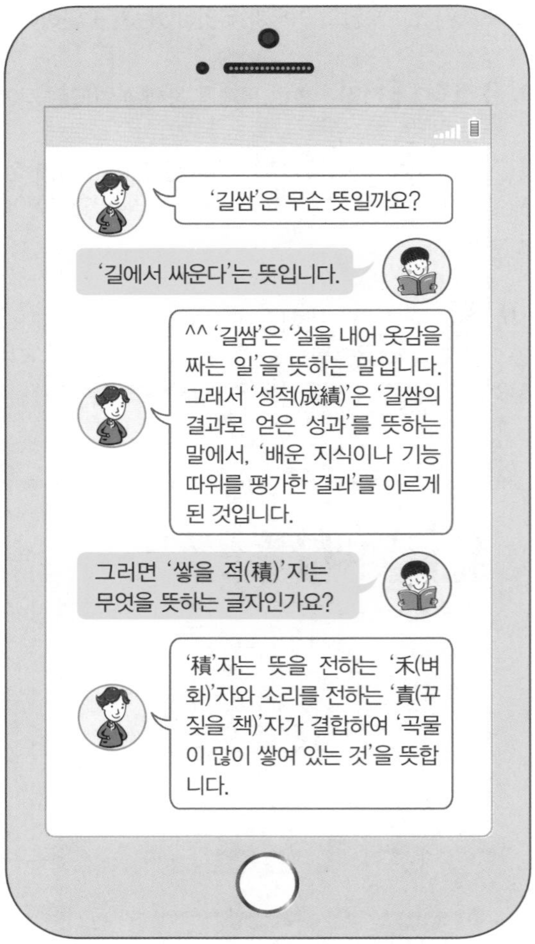

8급~7급 II 급수별 배정한자(가나다 순) 100자

: 표는 長音, ▸ 표는 長·短音 漢字임

8급 배정한자

한자	훈	음	부수·획수
教	가르칠	교:	攴 – 총11획
校	학교學校	교:	木 – 총10획
九	아홉	구	乙 – 총 2획
國	나라	국	口 – 총11획
軍	군사軍士/軍事	군	車 – 총 9획
金	쇠	금	
	성姓	김	金 – 총 8획
南	남녘	남	十 – 총 9획
女	계집	녀	女 – 총 3획
年	해	년	干 – 총 6획
大	큰	대▸	大 – 총 3획
東	동녘	동	木 – 총 8획
六	여섯	륙	八 – 총 4획
萬	일만	만:	艸 – 총13획
母	어미	모:	毋 – 총 5획
木	나무	목▸	木 – 총 4획
門	문	문	門 – 총 8획
民	백성百姓	민	氏 – 총 5획
白	흰	백	白 – 총 5획
父	아비	부	父 – 총 4획
北	북녘	북	
	달아날	배	匕 – 총 5획
四	넉	사:	口 – 총 5획
山	메	산	山 – 총 3획
三	석	삼	一 – 총 3획
生	날	생	
	낳을	생	生 – 총 5획
西	서녘	서	襾 – 총 6획
先	먼저	선	儿 – 총 6획
小	작을	소:	小 – 총 3획
水	물	수	水 – 총 4획
室	집	실	宀 – 총 9획
十	열	십	十 – 총 2획
五	다섯	오:	二 – 총 4획
王	임금	왕	玉 – 총 4획
外	바깥	외:	夕 – 총 5획
月	달	월	月 – 총 4획
二	두	이:	二 – 총 2획
人	사람	인	人 – 총 2획
日	날	일	日 – 총 4획
一	한	일	一 – 총 1획
長	긴	장▸	長 – 총 8획
弟	아우	제:	弓 – 총 7획
中	가운데	중	丨 – 총 4획
青	푸를	청	靑 – 총 8획
寸	마디	촌:	寸 – 총 3획
七	일곱	칠	一 – 총 2획
土	흙	토	土 – 총 3획
八	여덟	팔	八 – 총 2획
學	배울	학	子 – 총16획
韓	나라	한▸	
	한국韓國	한▸	韋 – 총17획
兄	형	형	儿 – 총 5획
火	불	화▸	火 – 총 4획

※ 8급은 모두 50자입니다. 8급 시험에서 한자쓰기 문제는 출제되지 않습니다. 하지만, 8급 한자는 모든 급수의 기초가 되므로 많이 읽고 그 쓰임에 대하여 알아보는 것이 중요합니다.

7급II 배정한자

家 집 가 宀 – 총10획
間 사이 간 門 – 총12획
江 강 강 水 – 총 6획
車 수레 거
수레 차 車 – 총 7획
空 빌[虛空] 공 穴 – 총 8획
工 장인匠人 공 工 – 총 3획
記 기록할 기 言 – 총10획
氣 기운氣運 기 气 – 총10획
男 사내 남 田 – 총 7획
內 안 내 入 – 총 4획
農 농사農事 농 辰 – 총13획
答 대답對答 답 竹 – 총12획
道 길 도
말할 도 辶 – 총13획
動 움직일 동 力 – 총11획
力 힘 력 力 – 총 2획
立 설 립 立 – 총 5획
每 매양每樣 매 毋 – 총 7획
名 이름 명 口 – 총 6획
物 물건物件 물 牛 – 총 8획
方 모[四角] 방 方 – 총 4획
不 아닐 불 一 – 총 4획
事 일 사 亅 – 총 8획
上 윗 상 一 – 총 3획
姓 성姓 성 女 – 총 8획
世 인간人間 세 一 – 총 5획
手 손 수 手 – 총 4획
時 때 시 日 – 총10획
市 저자 시 巾 – 총 5획
食 먹을 식
밥 사/식 食 – 총 9획
安 편안便安 안 宀 – 총 6획
午 낮 오 十 – 총 4획
右 오를 우
오른(쪽) 우 口 – 총 5획
自 스스로 자 自 – 총 6획
子 아들 자 子 – 총 3획
場 마당 장 土 – 총12획
電 번개 전 雨 – 총13획
前 앞 전 刀 – 총 9획
全 온전 전 入 – 총 6획
正 바를 정 止 – 총 5획
足 발 족 足 – 총 7획
左 왼 좌 工 – 총 5획
直 곧을 직 目 – 총 8획
平 평평할 평 干 – 총 5획
下 아래 하 一 – 총 3획
漢 한수漢水 한
한나라 한 水 – 총14획
海 바다 해 水 – 총10획
話 말씀 화 言 – 총13획
活 살[生活] 활 水 – 총 9획
孝 효도孝道 효 子 – 총 7획
後 뒤 후 彳 – 총 9획

※ 7급II는 8급[50자]에 새로운 한자 50자를 더하여 모두 100자입니다. 7급II에서 한자쓰기 문제는 출제되지 않습니다. 하지만, 7급II에서 사용되는 한자는 앞으로 공부할 모든 급수에서 중요한 한자이므로 모두 쓸 수 있도록 학습하는 것이 좋습니다.

✐ 한자는 서체에 따라 글자 모양이 달라져 보이나 모두 정자로 인정됩니다.

[참고 漢字]

示 = 礻	靑 = 青
神(神)	淸(清)
祈(祈)	請(請)
祝(祝)	晴(晴)
祖(祖)	情(情)
糸 = 糹	**飠 = 𩙿**
線(線)	飮(飲)
經(經)	飯(飯)
續(續)	餘(餘)
紙(紙)	飽(飽)
辶 = 辶	**八 = ソ**
送(送)	尊(尊)
運(運)	說(説)
遂(遂)	曾(曾)
遵(遵)	墜(墜)

시험에 꼭! 출제되는 꾸러미

★

한자의 훈[訓 : 뜻] · 음[音 : 소리]

한글은 말소리를 그대로 기호로 나타내는 소리글자이지만, 한자(漢字)는 각각의 글자가 언어의 소리와 상관없이 일정한 뜻을 나타내는 뜻글자입니다. 때문에 한자는 뜻과 소리를 함께 익혀야 그 뜻을 정확하게 전달할 수 있습니다.

敎 (가르칠 교 : 攴부 총11획) → '敎'자의 뜻[훈(訓)]은 '가르치다', 소리[음(音)]는 '교'입니다.

學 (배울 학 : 子부 총16획) → '學'자의 뜻[훈(訓)]은 '배우다', 소리[음(音)]는 '학'입니다.

★

한자의 획과 획수

획(劃)은 한자(漢字)를 이루고 있는 하나하나의 선(線)이나 점(點), 또는 한 번에 그은 줄이나 점을 말하고, 획수(劃數)는 한자를 이루고 있는 '획의 수'를 말합니다.

兄 (형 형 : 儿부 총5획) → '兄'자는 '口'자의 3획과 '儿'자의 2획이 합해져서 모두 5획입니다.

男 (사내 남 : 田부 총7획) → '男'자는 '田'자의 5획과 '力'자의 2획이 합해져서 모두 7획입니다.

★

한자의 획순

획순(劃順)은 한자(漢字)를 구성하고 있는 획을 쓰는 순서로, 필순(筆順)이라고도 합니다. 한자의 쓰기 학습은 획순이 매우 중요합니다. 왜냐하면 획순은 글자를 쓰는 차례이며 규칙이기 때문입니다. 차례와 규칙이 없다면 모든 것이 혼란스럽듯이 한자의 획순 또한 순서에 따라 바르게 익히지 않으면 글씨를 예쁘게 쓸 수 없는 것은 물론이고, 애쓰고 익힌 글자도 오래도록 기억할 수 없습니다.

01 왼쪽에서부터 오른쪽으로 씁니다.

예 7급 川 내 천 : 巛부 총 3획 → 丿 刂 川

8급 北 북녘 북 : 匕부 총 5획 → 丨 十 ⺦ 北 北

7II 物 물건 물 : 牛부 총 8획 → 丿 𠂉 牛 牛 牜 牞 物 物

7II 姓 성 성 : 女부 총 8획 → 𡿨 女 女 女 女 女 姓 姓

7급 旗 기 기 : 方부 총14획 → 丶 亠 方 方 方 方 方 旂 旂 旂 旂 旗 旗 旗

02 위에서부터 아래로 내려씁니다.

예 8급 三 석 삼 : 一부 총 3획 → 一 二 三

8급 金 쇠 금 : 金부 총 8획 → 丿 人 亼 今 今 全 余 金

7급 花 꽃 화 : 艸부 총 8획 → 一 十 廾 艹 艹 芢 花 花

8급 室 집 실 : 宀부 총 9획 → 丶 丶 宀 宀 宀 宀 宀 室 室

7II 電 번개 전 : 雨부 총13획 → 一 ㄏ 冂 帀 雨 雨 雨 雨 雨 雨 雷 雷 電

03 가로획과 세로획이 교차(交叉)할 때에는 가로획[一]을 먼저 쓰고, 세로획[丨]을 나중에 씁니다.

예 8급 十 열 십 : 十부 총 2획 → 一 十

8급 寸 마디 촌 : 寸부 총 3획 → 一 十 寸

8급 木 나무 목 : 木부 총 4획 → 一 十 才 木

7II 世 인간 세 : 一부 총 5획 → 一 十 廿 廿 世

7급 地 땅[따] 지 : 土부 총 6획 → 一 十 土 圠 圵 地

04 삐침[丿]과 파임[㇏]이 서로 만날 때에는 삐침[丿]을 먼저 쓰고, 파임[㇏]을 나중에 씁니다.

예 8급 人 사람 인 : 人부 총 2획 → 丿 人

8급 大 큰 대 : 大부 총 3획 → 一 ナ 大
8급 父 아비 부 : 父부 총 4획 → ノ ハ ク 父
7급 文 글월 문 : 文부 총 4획 → 丶 亠 ナ 文
7Ⅱ 後 뒤 후 : 彳부 총 9획 → ノ ク 彳 彳 彳 彳 彳 後 後

05 안쪽 획을 감싸는 글자는 바깥쪽 획을 먼저, 안쪽 획을 중간에, 아래 획을 나중에 쓴 다음 안쪽 획이 밑으로 쏟아지지 않도록 잘 닫습니다.

예 8급 四 넉 사 : 口부 총 5획 → 丨 冂 冂 四 四
8급 國 나라 국 : 口부 총11획 → 丨 冂 冂 冂 冋 冋 囗 國 國 國 國
7급 百 일백 백 : 白부 총 6획 → 一 丆 丆 万 百 百
7Ⅱ 直 곧을 직 : 目부 총 8획 → 一 十 忄 冇 冇 有 首 直
7급 面 낯 면 : 面부 총 9획 → 一 丆 丆 丙 丙 而 而 面 面

06 가운데 획을 중심으로 대칭(對稱)을 이루는 글자는 가운데 획을 먼저 쓰고, 다음으로 왼쪽 획을 쓰고, 맨 나중에 오른쪽 획을 씁니다.

예 8급 山 메 산 : 山부 총 3획 → 丨 山 山
8급 小 작을 소 : 小부 총 3획 → 亅 小 小
7급 少 적을 소 : 小부 총 4획 → 亅 小 小 少
7급 出 날 출 : 凵부 총 5획 → 丨 屮 屮 出 出
6급 永 길 영 : 水부 총 5획 → 丶 亅 ⺺ 永 永

07 글자 전체를 꿰뚫고 지나는 획은 맨 나중에 씁니다.

예 8급 母 어미 모 : 毋부 총 5획 → ㄴ 母 母 母 母
8급 中 가운데 중 : 丨부 총 4획 → 丨 口 口 中

7II 車 수레 거/차 : 車부 총 7획 → 一 厂 戸 百 亘 車

7II 事 일 사 : 亅부 총 8획 → 一 ｒ 戸 戸 亘 耳 写 事

7II 海 바다 해 : 水부 총10획 → 丶 冫 氵 氵 汇 汇 海 海 海 海

08 글자의 오른쪽 위에 있는 점은 맨 나중에 씁니다.

예 6II 代 대신할 대 : 人부 총 5획 → ノ 亻 仁 代 代

6II 成 이룰 성 : 戈부 총 7획 → ノ 厂 厂 万 成 成 成

6급 式 법 식 : 弋부 총 6획 → 一 二 亍 式 式 式

6II 戰 싸움 전 : 戈부 총16획 → 丶 ㅁ ㅁ 吅 吅 吅 吅 咢 咢 單 單 單 單 戰 戰 戰

5II 識 알 식 : 言부 총19획 → 丶 亠 亠 亠 言 言 言 言 言 言 訁 訁 訁 訁 訁 訁 識 識 識

※ 주의! 받침 '⻍'은 '⻌'과 같은 글자입니다.

09 '走'자와 같은 받침이 있는 글자는 받침[走]을 먼저 씁니다.

예 4II 起 일어날 기 : 走부 총10획 → 一 十 土 キ キ 丰 走 走 起 起

10 '⻌, 廴'와 같은 받침이 있는 글자는 받침[⻌, 廴]을 나중에 씁니다.

예 7II 道 길 도 : ⻌부 총13획 → 丶 丷 䒑 䒑 产 首 首 首 首 首 道 道 道

6급 近 가까울 근 : ⻌부 총 8획 → ノ 厂 斤 斤 斤 䜣 䜣 近

6급 速 빠를 속 : ⻌부 총11획 → 一 ㄱ 口 日 申 束 束 束 束 束 速

6급 遠 멀 원 : ⻌부 총14획 → 一 十 土 土 吉 吉 声 声 声 袁 袁 袁 袁 遠

5급 建 세울 건 : 廴부 총 9획 → ㄱ ㅋ ㅋ 彐 聿 聿 聿 建 建

상대자 · 반대자

두 개의 글자가 서로 상대, 또는 반대되는 뜻을 가진 한자를 말합니다.

강	강	7Ⅱ	江	↔	山	8급	메	산	강산
가르칠	교	8급	教	↔	學	8급	배울	학	교학
사내	남	7Ⅱ	男	↔	女	8급	계집	녀	남녀
남녘	남	8급	南	↔	北	8급	북녘	북	남북
안	내	7Ⅱ	內	↔	外	8급	바깥	외	내외
큰	대	8급	大	↔	小	8급	작을	소	대소
동녘	동	8급	東	↔	西	8급	서녘	서	동서
어미	모	8급	母	↔	子	7Ⅱ	아들	자	모자
아비	부	8급	父	↔	母	8급	어미	모	부모
아비	부	8급	父	↔	子	7Ⅱ	아들	자	부자
메	산	8급	山	↔	海	7Ⅱ	바다	해	산해
윗	상	7Ⅱ	上	↔	下	7Ⅱ	아래	하	상하
먼저	선	8급	先	↔	後	7Ⅱ	뒤	후	선후
손	수	7Ⅱ	手	↔	足	7Ⅱ	발	족	수족
날	일	8급	日	↔	月	8급	달	월	일월
아들	자	7Ⅱ	子	↔	女	8급	계집	녀	자녀
앞	전	7Ⅱ	前	↔	後	7Ⅱ	뒤	후	전후
왼	좌	7Ⅱ	左	↔	右	7Ⅱ	오른	우	좌우
가운데	중	8급	中	↔	外	8급	바깥	외	중외
바다	해	7Ⅱ	海	↔	空	7Ⅱ	빌	공	해공
형	형	8급	兄	↔	弟	8급	아우	제	형제
불	화	8급	火	↔	水	8급	물	수	화수

유의자

두 개의 글자가 서로 뜻이 비슷하고 대등한 뜻을 가진 한자를 말합니다.

집	가	7Ⅱ	家	–	室	8급	집	실	가실
집	가	7Ⅱ	家	–	屋	5급	집	옥	가옥
모	방	7Ⅱ	方	–	道	7Ⅱ	길	도	방도
모	방	7Ⅱ	方	–	正	7Ⅱ	바를	정	방정
셈	산	7급	算	–	數	7급	셈	수	산수
날	생	8급	生	–	活	7Ⅱ	살	활	생활
바를	정	7Ⅱ	正	–	直	7Ⅱ	곧을	직	정직
마을	촌	7급	村	–	里	7급	마을	리	촌리
날	출	7급	出	–	生	8급	날	생	출생
흙	토	8급	土	–	地	7급	땅[따]	지	토지
편할	편	7급	便	–	安	7Ⅱ	편안	안	편안
평평할	평	7Ⅱ	平	–	安	7Ⅱ	편안	안	평안

혼동하기 쉬운 한자

서로 글자의 모양이 비슷하여 혼동하기 쉬운 한자를 말합니다.

사이	간	間	≠	聞	들을	문
가르칠	교	教	≠	校	학교	교
아홉	구	九	≠	力	힘	력
군사	군	軍	≠	車	수레	거/차
쇠	금	金	≠	全	온전	전
사내	남	男	≠	勇	날랠	용
안	내	內	≠	丙	남녘	병
큰	대	大	≠	太	클	태
동녘	동	東	≠	束	묶을	속
힘	력	力	≠	刀	칼	도
이름	명	名	≠	各	각각	각
어미	모	母	≠	每	매양	매
나무	목	木	≠	水	물	수
물을	문	問	≠	間	사이	간
백성	민	民	≠	氏	각시	씨
흰	백	白	≠	百	일백	백
지아비	부	夫	≠	天	하늘	천
아비	부	父	≠	交	사귈	교
북녘	북	北	≠	比	견줄	비
아닐	불	不	≠	下	아래	하
넉	사	四	≠	西	서녘	서
메	산	山	≠	出	날	출

윗	상	上	≠	土	흙	토
먼저	선	先	≠	光	빛	광
작을	소	小	≠	少	적을	소
손	수	手	≠	毛	털	모
저자	시	市	≠	巾	수건	건
다섯	오	五	≠	王	임금	왕
낮	오	午	≠	牛	소	우
임금	왕	王	≠	主	임금	주
오른	우	右	≠	左	왼	좌
사람	인	人	≠	入	들	입
날	일	日	≠	曰	가로	왈
스스로	자	自	≠	白	흰	백
긴	장	長	≠	辰	별	진
아우	제	弟	≠	第	차례	제
가운데	중	中	≠	申	납	신
무거울	중	重	≠	里	마을	리
일천	천	千	≠	干	방패	간
일곱	칠	七	≠	匕	비수	비
흙	토	土	≠	士	선비	사
여덟	팔	八	≠	人	사람	인
살	활	活	≠	話	말씀	화

(사) 한국어문회 주관

한자능력 검정시험

8급

- 예상문제 1회 ~ 5회
- 기출 · 예상문제 1회 ~ 5회

정답과 해설은 53~68쪽에 있습니다.

01회 한자능력검정시험 8급 예상문제

(사) 한국어문회 주관	
합격문항	35문항
시험시간	50분
정 답	53쪽

01 다음 주어진 글을 읽고, 밑줄 친 한자漢字의 독음(讀音 : 읽는 소리)을 쓰세요. 01~15번

| 보기 |

天 → [천]

(1) 오늘은 六[1]月[2] 9일 金[3]요일입니다.

(2) 우리는 한 겨레, 한 兄[4]弟[5]입니다.

(3) 동물 나라 大[6]王[7]인 사자의 生[8]日[9]입니다.

(4) 방학 동안 先[10]生님께 편지를 씁니다.

(5) 왜적 水[11]軍[12]이 西[13]쪽으로 달아났습니다.

(6) 어제 三[14]寸[15] 회사를 견학했습니다.

01 六 [ ] 02 月 [ ]

03 金 [ ] 04 兄 [ ]

05 弟 [ ] 06 大 [ ]

07 王 [ ] 08 生 [ ]

09 日 [ ] 10 先 [ ]

11 水 [ ] 12 軍 [ ]

13 西 [ ] 14 三 [ ]

15 寸 [ ]

02 다음 밑줄 친 말에 해당하는 한자를 |보기|에서 찾아 그 번호를 쓰세요. 16~25번

| 보기 |

①門 ②青 ③外 ④學 ⑤母
⑥中 ⑦木 ⑧人 ⑨東 ⑩白

엄마[16]와 함께 외[17]가에 놀러갔습니다.

16 [ ] 17 [ ]

많은 사람[18]들이 광화문[19]을 지나갑니다.

18 [ ] 19 [ ]

나뭇[20]가지마다 푸른[21] 잎이 돋아납니다.

20 [ ] 21 [ ]

동[22]해에는 넓은 백[23]사장이 펼쳐져 있었습니다.

22 [ ] 23 [ ]

> **학**[24]생들이 운동장 **가운데**[25]에 모여 있습니다.

24 [ ] 25 [ ]

03 다음 한자漢字의 훈(訓 : 뜻)이나 음(音 : 소리)을 |보기|에서 찾아 그 번호를 쓰세요. 26~30번

|보기|

① 나라 ② 녀 ③ 여덟 ④ 사 ⑤ 북녘

26 四 [ ] 27 韓 [ ]

28 女 [ ] 29 北 [ ]

30 八 [ ]

04 다음 말에 알맞은 한자漢字를 |보기|에서 찾아 그 번호를 쓰세요. 31~40번

|보기|

① 長 ② 土 ③ 國 ④ 二 ⑤ 火
⑥ 年 ⑦ 萬 ⑧ 山 ⑨ 九 ⑩ 父

31 일만 [ ] 32 길다 [ ]

33 메 [ ] 34 해 [ ]

35 아비 [ ] 36 흙 [ ]

37 나라 [ ] 38 불 [ ]

39 아홉 [ ] 40 두 [ ]

05 다음 한자의 뜻에 맞는 단어를 |보기|에서 골라 그 번호를 쓰세요. 41~48번

|보기|

① 일곱 ② 다섯 ③ 학교 ④ 가르치다
⑤ 백성 ⑥ 집 ⑦ 작다 ⑧ 남쪽

41 小 [ ] 42 教 [ ]

43 五 [ ] 44 七 [ ]

45 南 [ ] 46 校 [ ]

47 民 [ ] 48 室 [ ]

06 다음 한자漢字의 색이 다른 획은 몇 번째 쓰는지 |보기|에서 찾아 그 번호를 쓰세요. 49~50번

|보기|

① 첫 번째 ② 두 번째 ③ 세 번째
④ 네 번째 ⑤ 다섯 번째 ⑥ 여섯 번째

49  .... [ ]

50  .... [ ]

02회 한자능력검정시험 8급 예상문제

(사) 한국어문회 주관	
합격문항	35문항
시험시간	50분
정 답	54쪽

01 다음 주어진 글을 읽고, 밑줄 친 한자漢字의 독음(讀音 : 읽는 소리)을 쓰세요. 01~15번

| 보기 |

天 → [천]

(1) 추석은 年[1]中[2] 가장 큰 명절입니다.
(2) 오늘은 靑[3]팀이 白[4]팀을 이겼습니다.
(3) 현충일 아침, 大[5]門[6]에 태극기를 걸었습니다.
(4) 水[7]火[8]는 뜻이 서로 반대되는 글자입니다.
(5) 아버지와 딸 사이를 父[9]女[10]간이라고 합니다.
(6) 6・25는 國[11]土[12]를 쑥밭으로 만들었습니다.
(7) 오늘은 王[13]室[14]에서 잔치가 있습니다.
(8) 오늘은 室外[15] 온도가 30℃를 넘는 무더운 날입니다.

01 年 [ ] 02 中 [ ]
03 靑 [ ] 04 白 [ ]
05 大 [ ] 06 門 [ ]
07 水 [ ] 08 火 [ ]
09 父 [ ] 10 女 [ ]
11 國 [ ] 12 土 [ ]
13 王 [ ] 14 室 [ ]
15 外 [ ]

02 다음 밑줄 친 말에 해당하는 한자를 |보기|에서 찾아 그 번호를 쓰세요. 16~25번

| 보기 |

① 九 ② 南 ③ 校 ④ 軍 ⑤ 小
⑥ 民 ⑦ 木 ⑧ 七 ⑨ 弟 ⑩ 北

학교[16]에 나무[17]를 심기 위해 수레로 옮겼습니다.

16 [ ] 17 [ ]

남[18]한・북[19]한이 하나가 되어 축구경기를 합니다.

18 [ ] 19 [ ]

수해지역에서 군인[20]과 민간[21]이 함께 복구합니다.

20 [ ] 21 [ ]

아우[22]는 키가 나보다 작습니다.[23]

22 [ ] 23 [ ]

아홉[24]에 일곱[25]을 더하면 얼마일까요?

24 [ ] 25 [ ]

03 다음 한자漢字의 훈(訓 : 뜻)이나 음(音 : 소리)을 |보기|에서 찾아 그 번호를 쓰세요. 26~30번

|보기|

① 한 ② 먼저 ③ 어머니 ④ 길다 ⑤ 넷

26 四 [ ] 27 長 [ ]

28 母 [ ] 29 韓 [ ]

30 先 [ ]

04 다음 말에 알맞은 한자漢字를 |보기|에서 찾아 그 번호를 쓰세요. 31~40번

|보기|

① 五 ② 二 ③ 西 ④ 金 ⑤ 人
⑥ 八 ⑦ 萬 ⑧ 寸 ⑨ 山 ⑩ 六

31 여섯 [ ] 32 서녘 [ ]

33 여덟 [ ] 34 메 [ ]

35 일만 [ ] 36 마디 [ ]

37 쇠 [ ] 38 다섯 [ ]

39 사람 [ ] 40 둘 [ ]

05 다음 한자漢字의 훈(訓 : 뜻)이나 음(音 : 소리)을 |보기|에서 찾아 그 번호를 쓰세요. 41~48번

|보기|

① 가르치다 ② 날 ③ 낳다 ④ 하나
⑤ 배우다 ⑥ 동 ⑦ 십 ⑧ 형

41 學 [ ] 42 東 [ ]

43 教 [ ] 44 兄 [ ]

45 生 [ ] 46 十 [ ]

47 日 [ ] 48 一 [ ]

06 다음 한자漢字의 색이 다른 획은 몇 번째 쓰는지 |보기|에서 찾아 그 번호를 쓰세요. 49~50번

|보기|

① 첫 번째 ② 두 번째 ③ 세 번째
④ 네 번째 ⑤ 다섯 번째 ⑥ 여섯 번째

49 小 .... [ ]

50 五 .... [ ]

03회 한자능력검정시험 8급 예상문제

(사) 한국어문회 주관	
합격문항	35문항
시험시간	50분
정 답	56쪽

01 다음 주어진 글을 읽고, 밑줄 친 한자漢字의 독음(讀音 : 읽는 소리)을 쓰세요. 01~15번

| 보기 |

天 → [천]

(1) 十[1]월 三[2]일은 개천절입니다.
(2) 둘째 이母[3]는 예쁩니다.
(3) 저에게는 귀여운 女[4]동生[5]이 있습니다.
(4) 내 짝꿍의 이름은 金[6]東[7]山[8]입니다.
(5) 겨울은 年[9]中[10] 가장 추운 계절입니다.
(6) 공부한 후에, 教[11]室[12]을 깨끗이 청소합니다.
(7) 우리 집안에서는 형이 長[13]남입니다.
(8) 오늘은 韓[14] · 日[15] 야구전이 있는 날입니다.

01 十 [ ] 02 三 [ ]
03 母 [ ] 04 女 [ ]
05 生 [ ] 06 金 [ ]
07 東 [ ] 08 山 [ ]
09 年 [ ] 10 中 [ ]
11 教 [ ] 12 室 [ ]
13 長 [ ] 14 韓 [ ]
15 日 [ ]

02 다음 밑줄 친 말에 해당하는 한자를 | 보기 | 에서 찾아 그 번호를 쓰세요. 16~25번

| 보기 |

① 力 ② 水 ③ 北 ④ 青 ⑤ 白
⑥ 小 ⑦ 國 ⑧ 四 ⑨ 南 ⑩ 月

우리나라[16] 사람들은 예로부터 흰[17]옷을 즐겨 입었습니다.

16 [ ] 17 [ ]

북쪽[18]보다 남쪽[19]이 더 따뜻합니다.

18 [ ] 19 [ ]

달[20]빛이 강물[21]에 출렁입니다.

20 [ ] 21 [ ]

네[22] 사람이 힘[23]을 합쳐서 수레를 끌었습니다.

22 [ ] 23 [ ]

<u>푸른</u>[24] 숲에서 <u>작은</u>[25] 새가 노래를 합니다.

24 [ ] 25 [ ]

03 다음 한자漢字의 훈(訓 : 뜻)이나 음(音 : 소리)을 |보기|에서 찾아 그 번호를 쓰세요.

26~30번

|보기|

① 배우다 ② 먼저 ③ 문 ④ 형 ⑤ 흙

26 先 [ ] 27 土 [ ]

28 門 [ ] 29 學 [ ]

30 兄 [ ]

04 다음 [ ]에 알맞은 한자漢字를 |보기|에서 찾아 그 번호를 쓰세요.

31~40번

|보기|

① 校 ② 八 ③ 西 ④ 五 ⑤ 民
⑥ 木 ⑦ 萬 ⑧ 寸 ⑨ 九 ⑩ 外

31 서녘 [ ] 32 일만 [ ]

33 백성 [ ] 34 나무 [ ]

35 바깥 [ ] 36 학교 [ ]

37 아홉 [ ] 38 다섯 [ ]

39 마디 [ ] 40 여덟 [ ]

05 다음 한자漢字의 훈(訓 : 뜻)이나 음(音 : 소리)을 |보기|에서 찾아 그 번호를 쓰세요.

41~48번

|보기|

① 군 ② 크다 ③ 륙 ④ 임금
⑤ 불 ⑥ 사람 ⑦ 일 ⑧ 아우

41 弟 [ ] 42 六 [ ]

43 火 [ ] 44 一 [ ]

45 軍 [ ] 46 王 [ ]

47 大 [ ] 48 人 [ ]

06 다음 한자漢字의 색이 다른 획은 몇 번째 쓰는지 |보기|에서 찾아 그 번호를 쓰세요.

49~50번

|보기|

① 첫 번째 ② 두 번째 ③ 세 번째
④ 네 번째 ⑤ 다섯 번째 ⑥ 여섯 번째
⑦ 일곱 번째 ⑧ 여덟 번째 ⑨ 아홉 번째

49  .... [ ]

50  .... [ ]

04회 한자능력검정시험 8급 예상문제

(사) 한국어문회 주관	
합격문항	35문항
시험시간	50분
정　답	57쪽

01 다음 한자의 訓훈과 音음을 |보기|와 같이 쓰세요. 01~10번

|보기|

天 → [하늘 천]

01 五 [ ] 02 六 [ ]

03 父 [ ] 04 小 [ ]

05 七 [ ] 06 年 [ ]

07 弟 [ ] 08 月 [ ]

09 長 [ ] 10 山 [ ]

02 다음 주어진 글을 읽고 밑줄 친 漢字(한자)의 讀音(독음 : 읽는 소리)을 쓰세요. 11~20번

|보기|

男 → [남]

三[11]寸[12]은 韓[13]國[14] 대표 선수로 올림픽 경기에 참가하여 金[15]메달을 땄습니다. 女[16]자 선수들도 여러 종목에서 많은 메달을 땄습니다. 中[17]學[18]校[19]에 다니는 오빠와 우리 가족들은 신나서 큰 소리로 萬[20]세(歲)를 불렀습니다.

11 三 [ ] 12 寸 [ ]

13 韓 [ ] 14 國 [ ]

15 金 [ ] 16 女 [ ]

17 中 [ ] 18 學 [ ]

19 校 [ ] 20 萬 [ ]

03 다음 뜻에 알맞은 漢字한자를 |보기|에서 찾아 그 번호를 쓰세요. 21~30번

|보기|

①室 ②一 ③八 ④水 ⑤日
⑥生 ⑦外 ⑧西 ⑨王 ⑩大

21 크다 [ ] 22 해 [ ]

23 서쪽 [ ] 24 집 [ ]

25 여덟 [ ] 26 물 [ ]

27 낳다 [ ] 28 하나 [ ]

29 바깥 [ ] 30 임금 [ ]

04 다음 漢字의 훈(訓 : 뜻)이나 音(음 : 소리)을 |보기|에서 찾아 그 번호를 쓰세요. 31~38번

|보기|

① 군사	② 먼저	③ 형	④ 문
⑤ 백성	⑥ 십	⑦ 가르치다	⑧ 모

31 軍 [ ] 32 母 [ ]

33 先 [ ] 34 民 [ ]

35 門 [ ] 36 十 [ ]

37 兄 [ ] 38 敎 [ ]

05 다음 밑줄 친 말에 해당하는 한자를 |보기|에서 찾아 그 번호를 쓰세요. 39~48번

|보기|

① 南	② 二	③ 木	④ 土	⑤ 靑
⑥ 四	⑦ 九	⑧ 人	⑨ 白	⑩ 北

<u>나무</u>[39]를 심고 <u>흙</u>[40]으로 잘 덮어 주었습니다.

39 [ ] 40 [ ]

<u>사람</u>[41]들이 <u>네</u>[42]거리에 모여 있습니다.

41 [ ] 42 [ ]

전체 <u>아홉</u>[43] 명에서 <u>두</u>[44] 명이 결석하였습니다.

43 [ ] 44 [ ]

<u>푸른</u>[45] 깃발과 <u>흰</u>[46] 깃발이 운동장에서 힘차게 펄럭입니다.

45 [ ] 46 [ ]

<u>남쪽</u>[47]과 <u>북쪽</u>[48]에서 서로 끊어진 철도를 연결하였습니다.

47 [ ] 48 [ ]

06 다음 한자漢字의 색이 다른 획은 몇 번째 쓰는지 |보기|에서 찾아 그 번호를 쓰세요. 49~50번

|보기|

① 첫 번째	② 두 번째	③ 세 번째
④ 네 번째	⑤ 다섯 번째	⑥ 여섯 번째
⑦ 일곱 번째	⑧ 여덟 번째	⑨ 아홉 번째

49 東 .... [ ]

50 火 .... [ ]

05회 한자능력검정시험 8급 예상문제

(사) 한국어문회 주관	
합격문항	35문항
시험시간	50분
정 답	59쪽

01 다음 한자의 訓훈과 音음을 |보기|와 같이 쓰세요. 01~10번

|보기|

音 → [소리 음]

01 軍 [ ] 02 十 [ ]

03 室 [ ] 04 學 [ ]

05 八 [ ] 06 教 [ ]

07 父 [ ] 08 土 [ ]

09 先 [ ] 10 民 [ ]

02 다음 주어진 글을 읽고 밑줄 친 漢字(한자)의 讀音(독음 : 읽는 소리)을 쓰세요. 11~20번

|보기|

男 → [남]

> 나는 四[11]寸[12] 兄[13]과 국제 青[14]소年[15] 축구大[16]회를 보았습니다. 韓[17]國[18]은 日[19]본을 상대로 결승전에서 2 : 1로 이겨 우승하였습니다. 선수들은 金[20]메달을 목에 걸고 서로 기쁨을 나누었습니다.

11 四 [ ] 12 寸 [ ]

13 兄 [ ] 14 青 [ ]

15 年 [ ] 16 大 [ ]

17 韓 [ ] 18 國 [ ]

19 日 [ ] 20 金 [ ]

03 다음 뜻에 알맞은 漢字한자를 |보기|에서 찾아 그 번호를 쓰세요. 21~30번

|보기|

① 九	② 門	③ 五	④ 六	⑤ 西
⑥ 校	⑦ 外	⑧ 山	⑨ 萬	⑩ 二

21 여섯 [ ] 22 문 [ ]

23 아홉 [ ] 24 메 [ ]

25 둘 [ ] 26 바깥 [ ]

27 다섯 [ ] 28 학교 [ ]

29 서녘 [ ] 30 일만 [ ]

04 다음 漢字의 훈(訓 : 뜻)이나 音(음 : 소리)을 |보기|에서 찾아 그 번호를 쓰세요. 31~38번

|보기|

① 나무	② 생	③ 하나	④ 녀
⑤ 임금	⑥ 화	⑦ 달	⑧ 물

31 水 [ ] 32 一 [ ]

33 王 [ ] 34 月 [ ]

35 生 [ ] 36 女 [ ]

37 火 [ ] 38 木 [ ]

05 다음 밑줄 친 말에 해당하는 漢字한자를 |보기|에서 찾아 그 번호를 쓰세요. 39~48번

|보기|

① 東	② 人	③ 中	④ 七	⑤ 母
⑥ 南	⑦ 白	⑧ 北	⑨ 三	⑩ 小

길 **가운데**[39]에 **사람**[40]들이 모여 있습니다.

39 [ ] 40 [ ]

하얀[41] 종이에 **어머니**[42] 얼굴을 그렸습니다.

41 [ ] 42 [ ]

남한[43]과 **북한**[44] 선수들이 나란히 입장합니다.

43 [ ] 44 [ ]

일곱[45]은 **셋**[46]보다 넷이 더 많습니다.

45 [ ] 46 [ ]

동쪽[47] 울타리 밑에 **작은**[48] 꽃들이 피었습니다.

47 [ ] 48 [ ]

06 다음 한자漢字의 색이 다른 획은 몇 번째 쓰는지 |보기|에서 찾아 그 번호를 쓰세요. 49~50번

|보기|

① 첫 번째	② 두 번째	③ 세 번째
④ 네 번째	⑤ 다섯 번째	⑥ 여섯 번째

49  .... [ ]

50  .... [ ]

■ 사단법인 한국어문회 801 ■

수험번호 □□□-□□-□□□□ 성명 □□□□□

생년월일 □□□□□□ ※ 주민등록번호 앞 6자리 숫자를 기입하십시오.

※ 성명은 한글로 작성
※ 필기구는 검정색 볼펜만 가능

※ 답안지는 컴퓨터로 처리되므로 구기거나 더럽히지 마시고, 정답 칸 안에만 쓰십시오.
글씨가 채점란으로 들어오면 오답처리가 됩니다.

전국한자능력검정시험 8급 답안지(1) (시험시간:50분)

답안란		채점란		답안란		채점란	
번호	정답	1검	2검	번호	정답	1검	2검
1				13			
2				14			
3				15			
4				16			
5				17			
6				18			
7				19			
8				20			
9				21			
10				22			
11				23			
12				24			

감독위원	채점위원(1)		채점위원(2)		채점위원(3)	
(서명)	(득점)	(서명)	(득점)	(서명)	(득점)	(서명)

※뒷면으로 이어짐

※ 답안지는 컴퓨터로 처리되므로 구기거나 더럽히지 마시고, 정답 칸 안에만 쓰십시오. 글씨가 채점란으로 들어오면 오답처리가 됩니다.

전국한자능력검정시험 8급 답안지(2)

답안란		채점란		답안란		채점란	
번호	정답	1검	2검	번호	정답	1검	2검
25				38			
26				39			
27				40			
28				41			
29				42			
30				43			
31				44			
32				45			
33				46			
34				47			
35				48			
36				49			
37				50			

■ ■

■ 사단법인 한국어문회 801 ■

수험번호 □□□-□□-□□□□□ 성명 □□□□□

생년월일 □□□□□□ ※ 주민등록번호 앞 6자리 숫자를 기입하십시오.

※ 성명은 한글로 작성
※ 필기구는 검정색 볼펜만 가능

※ 답안지는 컴퓨터로 처리되므로 구기거나 더럽히지 마시고, 정답 칸 안에만 쓰십시오.
글씨가 채점란으로 들어오면 오답처리가 됩니다.

전국한자능력검정시험 8급 답안지(1) (시험시간:50분)

답안란		채점란		답안란		채점란	
번호	정답	1검	2검	번호	정답	1검	2검
1				13			
2				14			
3				15			
4				16			
5				17			
6				18			
7				19			
8				20			
9				21			
10				22			
11				23			
12				24			

감독위원	채점위원(1)		채점위원(2)		채점위원(3)	
(서명)	(득점)	(서명)	(득점)	(서명)	(득점)	(서명)

■ ※뒷면으로 이어짐 ■

※ 답안지는 컴퓨터로 처리되므로 구기거나 더럽히지 마시고, 정답 칸 안에만 쓰십시오. 글씨가 채점란으로 들어오면 오답처리가 됩니다.

전국한자능력검정시험 8급 답안지(2)

답안란		채점란		답안란		채점란	
번호	정답	1검	2검	번호	정답	1검	2검
25				38			
26				39			
27				40			
28				41			
29				42			
30				43			
31				44			
32				45			
33				46			
34				47			
35				48			
36				49			
37				50			

■ 사단법인 한국어문회 801 ■

수험번호 □□□-□□-□□□□□ 성명 □□□□□

생년월일 □□□□□□ ※ 주민등록번호 앞 6자리 숫자를 기입하십시오. ※ 성명은 한글로 작성 ※ 필기구는 검정색 볼펜만 가능

※ 답안지는 컴퓨터로 처리되므로 구기거나 더럽히지 마시고, 정답 칸 안에만 쓰십시오. 글씨가 채점란으로 들어오면 오답처리가 됩니다.

전국한자능력검정시험 8급 답안지(1) (시험시간:50분)

답안란		채점란		답안란		채점란	
번호	정답	1검	2검	번호	정답	1검	2검
1				13			
2				14			
3				15			
4				16			
5				17			
6				18			
7				19			
8				20			
9				21			
10				22			
11				23			
12				24			

감독위원	채점위원(1)		채점위원(2)		채점위원(3)	
(서명)	(득점)	(서명)	(득점)	(서명)	(득점)	(서명)

■ ※뒷면으로 이어짐 ■

※ 답안지는 컴퓨터로 처리되므로 구기거나 더럽히지 마시고, 정답 칸 안에만 쓰십시오. 글씨가 채점란으로 들어오면 오답처리가 됩니다.

전국한자능력검정시험 8급 답안지(2)

답안란		채점란		답안란		채점란	
번호	정답	1검	2검	번호	정답	1검	2검
25				38			
26				39			
27				40			
28				41			
29				42			
30				43			
31				44			
32				45			
33				46			
34				47			
35				48			
36				49			
37				50			

■ 사단법인 한국어문회 801 ■

수험번호 □□□-□□-□□□□ 성명 □□□□□

생년월일 □□□□□□ ※ 주민등록번호 앞 6자리 숫자를 기입하십시오. ※ 성명은 한글로 작성 ※ 필기구는 검정색 볼펜만 가능

※ 답안지는 컴퓨터로 처리되므로 구기거나 더럽히지 마시고, 정답 칸 안에만 쓰십시오.
글씨가 채점란으로 들어오면 오답처리가 됩니다.

전국한자능력검정시험 8급 답안지(1) (시험시간:50분)

답안란		채점란		답안란		채점란	
번호	정답	1검	2검	번호	정답	1검	2검
1				13			
2				14			
3				15			
4				16			
5				17			
6				18			
7				19			
8				20			
9				21			
10				22			
11				23			
12				24			

감독위원	채점위원(1)		채점위원(2)		채점위원(3)	
(서명)	(득점)	(서명)	(득점)	(서명)	(득점)	(서명)

※뒷면으로 이어짐

※ 답안지는 컴퓨터로 처리되므로 구기거나 더럽히지 마시고, 정답 칸 안에만 쓰십시오. 글씨가 채점란으로 들어오면 오답처리가 됩니다.

전국한자능력검정시험 8급 답안지(2)

답안란		채점란		답안란		채점란	
번호	정답	1검	2검	번호	정답	1검	2검
25				38			
26				39			
27				40			
28				41			
29				42			
30				43			
31				44			
32				45			
33				46			
34				47			
35				48			
36				49			
37				50			

■ 사단법인 한국어문회 801 ■

수험번호 □□□-□□-□□□□ 성명 □□□□□

생년월일 □□□□□□ ※ 주민등록번호 앞 6자리 숫자를 기입하십시오.

※ 성명은 한글로 작성
※ 필기구는 검정색 볼펜만 가능

※ 답안지는 컴퓨터로 처리되므로 구기거나 더럽히지 마시고, 정답 칸 안에만 쓰십시오.
글씨가 채점란으로 들어오면 오답처리가 됩니다.

전국한자능력검정시험 8급 답안지(1) (시험시간:50분)

답안란		채점란		답안란		채점란	
번호	정답	1검	2검	번호	정답	1검	2검
1				13			
2				14			
3				15			
4				16			
5				17			
6				18			
7				19			
8				20			
9				21			
10				22			
11				23			
12				24			

감독위원	채점위원(1)		채점위원(2)		채점위원(3)	
(서명)	(득점)	(서명)	(득점)	(서명)	(득점)	(서명)

※뒷면으로 이어짐

■ 사단법인 한국어문회 802 ■

※ 답안지는 컴퓨터로 처리되므로 구기거나 더럽히지 마시고, 정답 칸 안에만 쓰십시오. 글씨가 채점란으로 들어오면 오답처리가 됩니다.

전국한자능력검정시험 8급 답안지(2)

답안란		채점란		답안란		채점란	
번호	정답	1검	2검	번호	정답	1검	2검
25				38			
26				39			
27				40			
28				41			
29				42			
30				43			
31				44			
32				45			
33				46			
34				47			
35				48			
36				49			
37				50			

■ ■

■ 사단법인 한국어문회 801 ■

수험번호 □□□-□□-□□□□ 성명 □□□□□

생년월일 □□□□□□ ※ 주민등록번호 앞 6자리 숫자를 기입하십시오. ※ 성명은 한글로 작성
※ 필기구는 검정색 볼펜만 가능

※ 답안지는 컴퓨터로 처리되므로 구기거나 더럽히지 마시고, 정답 칸 안에만 쓰십시오.
글씨가 채점란으로 들어오면 오답처리가 됩니다.

전국한자능력검정시험 8급 답안지(1) (시험시간:50분)

답안란		채점란		답안란		채점란	
번호	정답	1검	2검	번호	정답	1검	2검
1				13			
2				14			
3				15			
4				16			
5				17			
6				18			
7				19			
8				20			
9				21			
10				22			
11				23			
12				24			

감독위원	채점위원(1)		채점위원(2)		채점위원(3)	
(서명)	(득점)	(서명)	(득점)	(서명)	(득점)	(서명)

■ ※뒷면으로 이어짐 ■

※ 답안지는 컴퓨터로 처리되므로 구기거나 더럽히지 마시고, 정답 칸 안에만 쓰십시오. 글씨가 채점란으로 들어오면 오답처리가 됩니다.

전국한자능력검정시험 8급 답안지(2)

답안란		채점란		답안란		채점란	
번호	정답	1검	2검	번호	정답	1검	2검
25				38			
26				39			
27				40			
28				41			
29				42			
30				43			
31				44			
32				45			
33				46			
34				47			
35				48			
36				49			
37				50			

■ 사단법인 한국어문회 801 ■

수험번호 ☐☐☐-☐☐-☐☐☐☐☐ 성명 ☐☐☐☐☐

생년월일 ☐☐☐☐☐☐ ※ 주민등록번호 앞 6자리 숫자를 기입하십시오. ※ 성명은 한글로 작성
※ 필기구는 검정색 볼펜만 가능

※ 답안지는 컴퓨터로 처리되므로 구기거나 더럽히지 마시고, 정답 칸 안에만 쓰십시오.
글씨가 채점란으로 들어오면 오답처리가 됩니다.

전국한자능력검정시험 8급 답안지(1) (시험시간:50분)

답안란		채점란		답안란		채점란	
번호	정답	1검	2검	번호	정답	1검	2검
1				13			
2				14			
3				15			
4				16			
5				17			
6				18			
7				19			
8				20			
9				21			
10				22			
11				23			
12				24			

감독위원	채점위원(1)		채점위원(2)		채점위원(3)	
(서명)	(득점)	(서명)	(득점)	(서명)	(득점)	(서명)

■ ※뒷면으로 이어짐 ■

※ 답안지는 컴퓨터로 처리되므로 구기거나 더럽히지 마시고, 정답 칸 안에만 쓰십시오. 글씨가 채점란으로 들어오면 오답처리가 됩니다.

전국한자능력검정시험 8급 답안지(2)

답안란		채점란		답안란		채점란	
번호	정답	1검	2검	번호	정답	1검	2검
25				38			
26				39			
27				40			
28				41			
29				42			
30				43			
31				44			
32				45			
33				46			
34				47			
35				48			
36				49			
37				50			

■ 사단법인 한국어문회 801

수험번호 □□□-□□-□□□□□ 성명 □□□□□

생년월일 □□□□□□ ※ 주민등록번호 앞 6자리 숫자를 기입하십시오. ※ 성명은 한글로 작성 ※ 필기구는 검정색 볼펜만 가능

※ 답안지는 컴퓨터로 처리되므로 구기거나 더럽히지 마시고, 정답 칸 안에만 쓰십시오.
글씨가 채점란으로 들어오면 오답처리가 됩니다.

전국한자능력검정시험 8급 답안지(1) (시험시간:50분)

답안란		채점란		답안란		채점란	
번호	정답	1검	2검	번호	정답	1검	2검
1				13			
2				14			
3				15			
4				16			
5				17			
6				18			
7				19			
8				20			
9				21			
10				22			
11				23			
12				24			

감독위원	채점위원(1)		채점위원(2)		채점위원(3)	
(서명)	(득점)	(서명)	(득점)	(서명)	(득점)	(서명)

※뒷면으로 이어짐

※ 답안지는 컴퓨터로 처리되므로 구기거나 더럽히지 마시고, 정답 칸 안에만 쓰십시오. 글씨가 채점란으로 들어오면 오답처리가 됩니다.

전국한자능력검정시험 8급 답안지(2)

답안란		채점란		답안란		채점란	
번호	정답	1검	2검	번호	정답	1검	2검
25				38			
26				39			
27				40			
28				41			
29				42			
30				43			
31				44			
32				45			
33				46			
34				47			
35				48			
36				49			
37				50			

01회 한자능력검정시험 8급 기출·예상문제

(사) 한국어문회 주관	
합격문항	35문항
시험시간	50분
정 답	61쪽

01 다음 글을 읽고 밑줄 친 漢字한자의 讀音(독음 : 읽는 소리)을 쓰세요. 01~10번

| 보기 |

音 → [음]

초등학교 一[1] 學[2] 年[3] 교실에 많은 父[4] 母[5]님들이 오셨습니다.

01 一 [ ] 02 學 [ ]

03 年 [ ] 04 父 [ ]

05 母 [ ]

外[6] 三[7] 寸[8]은 中[9]학교 선生[10]님입니다.

06 外 [ ] 07 三 [ ]

08 寸 [ ] 09 中 [ ]

10 生 [ ]

02 다음 밑줄 친 말에 해당하는 漢字한자를 |보기|에서 찾아 그 번호를 쓰세요. 11~20번

| 보기 |

① 白	② 青	③ 土	④ 西	⑤ 日
⑥ 兄	⑦ 南	⑧ 門	⑨ 東	⑩ 弟

11 붉은 해가 .... [ ]

12 푸른 바다를 물들이더니 .... [ ]

13 동쪽 하늘에 올랐습니다. .... [ ]

14 창문 밖에는 .... [ ]

15 흰 구름이 .... [ ]

16 서쪽 산등성이를 넘어갑니다. .... [ ]

17 토요일이면 .... [ ]

18 형은 .... [ ]

19 아우를 데리고 .... [ ]

20 남산에서 운동합니다. .... [ ]

03 다음 뜻에 알맞은 漢字한자를 |보기|에서 찾아 그 번호를 쓰세요. 21~30번

| 보기 |

① 萬	② 九	③ 北	④ 大	⑤ 教
⑥ 月	⑦ 軍	⑧ 韓	⑨ 十	⑩ 火

21 열 [ ] 22 가르칠 [ ]

23 불 [ ] 24 한국/나라 [ ]

25 군사 [ ] 26 달 [ ]

27 아홉 [ ] 28 일만 [ ]

29 북녘 [ ] 30 크다 [ ]

04 다음 漢字한자의 훈(訓 : 뜻)과 음(音 : 소리)을 쓰세요. 31~40번

| 보기 |

字 → [글자 자]

31 室 [ ] 32 水 [ ]

33 校 [ ] 34 國 [ ]

35 民 [ ] 36 人 [ ]

37 先 [ ] 38 木 [ ]

39 七 [ ] 40 五 [ ]

05 다음 漢字한자의 훈(訓 : 뜻)을 |보기|에서 찾아 그 번호를 쓰세요. 41~44번

| 보기 |

① 넉 ② 길다 ③ 여섯 ④ 여덟

41 四 [ ] 42 長 [ ]

43 六 [ ] 44 八 [ ]

06 다음 漢字한자의 음(音 : 소리)을 |보기|에서 찾아 그 번호를 쓰세요. 45~48번

| 보기 |

① 녀 ② 산 ③ 금 ④ 이

45 女 [ ] 46 二 [ ]

47 金 [ ] 48 山 [ ]

07 다음 한자漢字의 색이 다른 획은 몇 번째 쓰는지 |보기|에서 찾아 그 번호를 쓰세요. 49~50번

| 보기 |

① 첫 번째 ② 두 번째 ③ 세 번째
④ 네 번째 ⑤ 다섯 번째 ⑥ 여섯 번째

49  .... [ ]

50  .... [ ]

02회 한자능력검정시험 8급 기출·예상문제

(사) 한국어문회 주관	
합격문항	35문항
시험시간	50분
정 답	62쪽

01 다음 글을 읽고 밑줄 친 漢字한자의 讀音(독음 : 읽는 소리)을 쓰세요. 01~16번

| 보기 |

音 → [음]

大[1] 韓[2] 民[3] 國[4]의 軍[5] 人[6]들이 나라를 지킵니다. 나라를 지키는 아저씨들 덕분에 우리는 學[7] 校[8]에서 공부를 열심히 할 수가 있습니다. 教[9] 室[10]에서는 先[11] 生[12]님 말씀을 잘 듣고 집에서는 父[13] 母[14]님 말씀에 잘 따르며, 兄[15] 弟[16]들과 사이좋게 지내겠습니다.

01 大 [ ] 02 韓 [ ]

03 民 [ ] 04 國 [ ]

05 軍 [ ] 06 人 [ ]

07 學 [ ] 08 校 [ ]

09 教 [ ] 10 室 [ ]

11 先 [ ] 12 生 [ ]

13 父 [ ] 14 母 [ ]

15 兄 [ ] 16 弟 [ ]

02 다음 밑줄 친 낱말에 알맞은 漢字한자를 |보기|에서 찾아 그 번호를 쓰세요. 17~31번

| 보기 |

① 一	② 八	③ 七	④ 五	⑤ 六
⑥ 北	⑦ 山	⑧ 九	⑨ 十	⑩ 二
⑪ 西	⑫ 南	⑬ 東	⑭ 木	⑮ 青

두[17] 사람이 힘을 합쳐서 나무[18]를 심습니다.

17 [ ] 18 [ ]

우리나라는 동쪽[19]으로 푸른[20] 바다가 있고 서쪽[21]에는 너른 들판이 있습니다.

19 [ ] 20 [ ]

21 [ ]

아홉[22]에 하나[23]를 더하면 열[24]이 됩니다.

22 [ ] 23 [ ]

24 [ ]

남쪽[25]에는 섬들이 많으며 **북쪽**[26]에는 **산**[27]들이 많습니다.

25 [ ] 26 [ ]

27 [ ]

다섯[28], **여섯**[29], **일곱**[30], **여덟**[31].

28 [ ] 29 [ ]

30 [ ] 31 [ ]

03 다음의 뜻에 알맞은 漢字한자를 |보기|에서 찾아 그 번호를 쓰세요. 32~37번

|보기|

①水 ②中 ③外 ④日 ⑤月 ⑥火

32 물 [ ] 33 불 [ ]

34 해 [ ] 35 달 [ ]

36 바깥 [ ] 37 가운데 [ ]

04 다음 漢字(한자)의 훈(訓 : 뜻)과 音(음 : 소리)을 쓰세요. 38~48번

|보기|

天 → [하늘 천]

38 四 [ ] 39 土 [ ]

40 金 [ ] 41 小 [ ]

42 萬 [ ] 43 寸 [ ]

44 女 [ ] 45 長 [ ]

46 王 [ ] 47 三 [ ]

48 門 [ ]

05 다음 한자漢字의 색이 다른 획은 몇 번째 쓰는지 |보기|에서 찾아 그 번호를 쓰세요. 49~50번

|보기|

①첫 번째 ②두 번째 ③세 번째
④네 번째 ⑤다섯 번째 ⑥여섯 번째

49  ·········· [ ]

50  ·········· [ ]

03회 한자능력검정시험 8급 기출·예상문제

(사) 한국어문회 주관	
합격문항	35문항
시험시간	50분
정 답	64쪽

01 다음 글을 읽고 밑줄 친 漢字한자의 독음(讀音 : 읽는 소리)을 쓰세요. 01~15번

| 보기 |

音 → [음]

저희 집에 軍[1]人[2]인 三[3]寸[4]이 오셨습니다. 父[5]母[6]님께서는 반갑게 맞이하셨습니다. 저희 兄[7]弟[8]도 좋아하였습니다. 中[9]學[10]生[11] 사촌 형도 함께 왔습니다. 모두 텔레비전을 보며 大[12]韓[13]民[14]國[15]의 선수들을 응원하였습니다.

01 軍 [ ] 02 人 [ ]

03 三 [ ] 04 寸 [ ]

05 父 [ ] 06 母 [ ]

07 兄 [ ] 08 弟 [ ]

09 中 [ ] 10 學 [ ]

11 生 [ ] 12 大 [ ]

13 韓 [ ] 14 民 [ ]

15 國 [ ]

02 다음 글을 읽고 밑줄 친 말에 해당하는 漢字한자를 |보기|에서 찾아 그 번호를 쓰세요. 16~25번

| 보기 |

①室 ②木 ③五 ④東 ⑤門
⑥青 ⑦日 ⑧山 ⑨七 ⑩月

달[16]빛이 집[17]안으로 들어옵니다.

16 [ ] 17 [ ]

동쪽[18] 바다에서 해[19]가 떠오릅니다.

18 [ ] 19 [ ]

일곱[20]에서 다섯[21]을 빼면 얼마지요?

20 [ ] 21 [ ]

나무[22]들 사이로 작은 문[23]이 살짝 보입니다.

22 [ ] 23 [ ]

푸른[24] 숲이 울창한 산[25]을 보았습니다.

24 [ ] 25 [ ]

03 다음 漢字한자에 알맞은 訓(훈 : 뜻)과 音(음 : 소리)을 쓰세요. 26~35번

26 十 [ ] 27 王 [ ]

28 白 [ ] 29 八 [ ]

30 金 [ ] 31 先 [ ]

32 長 [ ] 33 六 [ ]

34 萬 [ ] 35 北 [ ]

04 다음 漢字한자의 訓(훈 : 뜻)이나 音(음 : 소리)을 |보기|에서 찾아 그 번호를 쓰세요. 36~43번

|보기|

① 남녘	② 흙	③ 불	④ 서
⑤ 바깥	⑥ 교	⑦ 일	⑧ 구

36 外 [ ] 37 教 [ ]

38 南 [ ] 39 九 [ ]

40 火 [ ] 41 一 [ ]

42 土 [ ] 43 西 [ ]

05 다음 [ ]에 알맞은 漢字한자를 |보기|에서 찾아 그 번호를 쓰세요. 44~48번

|보기|

① 四 ② 女 ③ 校 ④ 小 ⑤ 二

44 둘 [ ] 45 학교 [ ]

46 넉 [ ] 47 작다 [ ]

48 여자 [ ]

06 다음 한자漢字의 색이 다른 획은 몇 번째 쓰는지 |보기|에서 찾아 그 번호를 쓰세요. 49~50번

|보기|

① 첫 번째	② 두 번째	③ 세 번째
④ 네 번째	⑤ 다섯 번째	⑥ 여섯 번째
⑦ 일곱 번째	⑧ 여덟 번째	⑨ 아홉 번째

49 校 …… [ ]

50 水 …… [ ]

04회 한자능력검정시험 8급 기출·예상문제

(사) 한국어문회 주관	
합격문항	35문항
시험시간	50분
정 답	65쪽

01 다음 글을 읽고 밑줄 친 漢字한자의 독음(讀音 : 읽는 소리)을 쓰세요. 01~15번

| 보기 |

音 → [음]

<u>東</u>[1]<u>西</u>[2]<u>南</u>[3]<u>北</u>[4]을 <u>四</u>[5]방이라 하고, <u>月</u>[6]<u>火</u>[7]<u>水</u>[8]<u>木</u>[9]<u>金</u>[10]<u>土</u>[11]<u>日</u>[12]을 <u>一</u>[13]주일이라고 하며, 배우는 사람들을 <u>學</u>[14]<u>生</u>[15]이라고 합니다.

01 東 [ ] 02 西 [ ]

03 南 [ ] 04 北 [ ]

05 四 [ ] 06 月 [ ]

07 火 [ ] 08 水 [ ]

09 木 [ ] 10 金 [ ]

11 土 [ ] 12 日 [ ]

13 一 [ ] 14 學 [ ]

15 生 [ ]

02 다음 글을 읽고 밑줄 친 말에 해당하는 漢字한자를 |보기|에서 찾아 그 번호를 쓰세요. 16~24번

| 보기 |

①二 ②父 ③母 ④十 ⑤室
⑥五 ⑦人 ⑧外 ⑨三 ⑩中

<u>열</u>[16]을 <u>둘</u>[17]로 나누면 <u>다섯</u>[18]이 됩니다.

16 [ ] 17 [ ]

18 [ ]

<u>세</u>[19] <u>사람</u>[20]이 <u>집</u>[21] <u>바깥</u>[22]에서 이야기를 합니다.

19 [ ] 20 [ ]

21 [ ] 22 [ ]

<u>어머니</u>[23]와 <u>아버지</u>[24]의 은혜는 하늘과 같습니다.

23 [ ] 24 [ ]

03 다음 한자漢字의 훈(訓 : 뜻)이나 음(音 : 소리)을 |보기|에서 찾아 그 번호를 쓰세요.

25~36번

|보기|

① 계집	② 크다	③ 길다	④ 나라
⑤ 산	⑥ 백	⑦ 가르치다	⑧ 팔
⑨ 작다	⑩ 일만	⑪ 학교	⑫ 푸르다

25 山 [ ] 26 靑 [ ]

27 女 [ ] 28 八 [ ]

29 長 [ ] 30 萬 [ ]

31 韓 [ ] 32 校 [ ]

33 大 [ ] 34 白 [ ]

35 小 [ ] 36 敎 [ ]

04 다음 [ ]에 알맞은 漢字한자를 |보기|에서 찾아 그 번호를 쓰세요. 37~48번

|보기|

① 民	② 軍	③ 門	④ 弟	⑤ 年	⑥ 兄
⑦ 王	⑧ 九	⑨ 國	⑩ 六	⑪ 七	⑫ 寸

37 마디 [ ] 38 문 [ ]

39 임금 [ ] 40 나라 [ ]

41 아홉 [ ] 42 해 [ ]

43 아우 [ ] 44 여섯 [ ]

45 군사 [ ] 46 백성 [ ]

47 일곱 [ ] 48 형 [ ]

05 다음 한자漢字의 색이 다른 획은 몇 번째 쓰는지 |보기|에서 찾아 그 번호를 쓰세요.

49~50번

|보기|

① 첫 번째	② 두 번째	③ 세 번째
④ 네 번째	⑤ 다섯 번째	⑥ 여섯 번째

49  .... [ ]

50  .... [ ]

05회 한자능력검정시험 8급 기출·예상문제

(사) 한국어문회 주관	
합격문항	35문항
시험시간	50분
정　답	67쪽

01 다음 글을 읽고 밑줄 친 漢字한자의 독음(讀音 : 읽는 소리)을 쓰세요. 01~15번

| 보기 |

音 → [음]

青[1]군과 白[2]군으로 나누어 운동회를 하였습니다. 남學[3]生[4]은 달리기를 하였습니다. 一[5]등부터 三[6]등까지 상을 주었습니다. 女[7]學生은 先[8]生님과 함께 공굴리기를 하였습니다. 六[9]學年[10] 兄[11]들은 기마전을 하였습니다. 父[12]母[13]님도 오셔서 구경하셨습니다. 하늘에는 萬[14]國[15]기가 펄럭였습니다.

01 青 [ ]　02 白 [ ]

03 學 [ ]　04 生 [ ]

05 一 [ ]　06 三 [ ]

07 女 [ ]　08 先 [ ]

09 六 [ ]　10 年 [ ]

11 兄 [ ]　12 父 [ ]

13 母 [ ]　14 萬 [ ]

15 國 [ ]

02 다음 글을 읽고 밑줄 친 말에 해당하는 漢字한자를 |보기|에서 찾아 그 번호를 쓰세요. 16~25번

| 보기 |

① 門　② 西　③ 木　④ 弟　⑤ 日

⑥ 人　⑦ 水　⑧ 室　⑨ 外　⑩ 小

창문[16] 너머로 사람[17]들이 보입니다.

16 [ ]　17 [ ]

바깥[18]에서 물[19]소리가 들립니다.

18 [ ]　19 [ ]

사과나무[20]에 작은[21] 꽃이 피었습니다.

20 [ ]　21 [ ]

서쪽[22] 하늘로 해[23]가 졌습니다.

22 [ ]　23 [ ]

<u>아우</u>[24]가 <u>집</u>[25]안에서 낮잠을 잡니다.

24 [ ] 25 [ ]

03 다음 漢字한자에 알맞은 訓(훈 : 뜻)과 音(음 : 소리)을 쓰세요. 26~30번

보기
天 → [하늘 천]

26 教 [ ] 27 九 [ ]

28 火 [ ] 29 王 [ ]

30 大 [ ]

04 다음 [ ]에 알맞은 漢字한자를 |보기|에서 찾아 그 번호를 쓰세요. 31~40번

보기				
① 軍	② 中	③ 韓	④ 金	⑤ 校
⑥ 南	⑦ 山	⑧ 東	⑨ 北	⑩ 二

31 학교 [ ] 32 둘 [ ]

33 군사 [ ] 34 나라 [ ]

35 가운데 [ ] 36 북녘 [ ]

37 동녘 [ ] 38 남녘 [ ]

39 메 [ ] 40 쇠 [ ]

05 다음 漢字한자의 訓(훈 : 뜻)이나 音(음 : 소리)을 |보기|에서 찾아 그 번호를 쓰세요. 41~48번

보기			
① 십	② 흙	③ 다섯	④ 팔
⑤ 달	⑥ 일곱	⑦ 촌	⑧ 사

41 寸 [ ] 42 七 [ ]

43 十 [ ] 44 八 [ ]

45 五 [ ] 46 月 [ ]

47 四 [ ] 48 土 [ ]

06 다음 한자漢字의 색이 다른 획은 몇 번째 쓰는지 |보기|에서 찾아 그 번호를 쓰세요. 49~50번

보기		
① 첫 번째	② 두 번째	③ 세 번째
④ 네 번째	⑤ 다섯 번째	⑥ 여섯 번째
⑦ 일곱 번째	⑧ 여덟 번째	⑨ 아홉 번째

49  .... [ ]

50  .... [ ]

(사) 한국어문회 주관

한자능력검정시험

정답 및 해설 8급

- 예상문제 1회 ~ 5회
- 기출 · 예상문제 1회 ~ 5회

8급 한자능력검정시험 정답 및 해설

01회 예상문제 19쪽~20쪽

01	유	02	월	03	금	04	형
05	제	06	대	07	왕	08	생
09	일	10	선	11	수	12	군
13	서	14	삼	15	촌	16	⑤
17	③	18	⑧	19	①	20	⑦
21	②	22	⑨	23	⑩	24	④
25	⑥	26	④	27	①	28	②
29	⑤	30	③	31	⑦	32	①
33	⑧	34	⑥	35	⑩	36	②
37	③	38	⑤	39	⑨	40	④
41	⑦	42	④	43	②	44	①
45	⑧	46	③	47	⑤	48	⑥
49	③	50	②				

해설

01 ~ 02 유월(六月)▸(여섯 륙)(달 월) → 六자의 본래 훈과 음은 '여섯 륙'이나 月자 앞에서는 '유'로 적습니다. 참 十月 : 십월(×) → 시월(○).

03 金자는 쓰임에 따라 뜻과 소리가 달라지는 글자입니다. 여기에서는 '요일'을 뜻하는 말이므로 '금'이라고 읽습니다.
참 金(쇠 금, 성 김).

04 ~ 05 형제(兄弟)▸(형 형)(아우 제)
→ 兄弟는 서로 뜻이 상대되는 한자로 결합된 한자어입니다.

06 ~ 07 대왕(大王)▸(큰 대)(임금 왕)
: ①'선왕(先王)'을 높여 이르던 말. ②'훌륭하고 업적이 뛰어난 임금'을 높여 이르는 말.

08 ~ 09 生日(생일)▸(날 생)(날 일)
: 세상에 태어난 날.

10 선생(先生)▸(먼저 선)(날 생)
: 남을 가르치는 사람.

11 ~ 12 수군(水軍)▸(물 수)(군사 군)
: 예전에, 바다에서 배를 타고 국방과 치안을 맡아보던 군대. 지금의 해군(海軍)에 해당함.

13 西(서녘 서)자는 '四(넉 사)'자와 서로 모양이 비슷하여 혼동하기 쉬운 글자입니다.

14 ~ 15 삼촌(三寸)▸(석 삼)(마디 촌)
: 아버지의 형제. 특히, 결혼하지 않은 남자 형제를 이르는 말.

17 외가(外家)▸(바깥 외)(집 가)
: 어머니의 친정. 외갓집.

20 나뭇가지 : '나뭇가지', '외갓집'처럼 '나무'와 '가지', '외가(外家)'와 '집'이 서로 결합하여 합성된 낱말 사이에 'ㅅ'을 쓰는 현상을 '사이시옷'이라고 합니다. (한글 맞춤법에서) 순 우리말, 또는 순 우리말과 한자어로 된 합성어 가운데 앞말이 모음으로 끝나거나 뒷말의 첫소리가 된소리로 나거나 뒷말의 첫소리 'ㄴ', 'ㅁ' 앞에서 'ㄴ' 소리가 덧나거나 뒷말의 첫소리 모음 앞에서 'ㄴㄴ' 소리가 덧나는 것 따위에 받치어 적습니다.
예 아랫방. 아랫니. 나뭇잎.

22 東海(동해)▸(동녘 동)(바다 해)
: 동쪽에 있는 바다.

23 白沙場(백사장)▸(흰 백)(모래 사)(마당 장)
: 강가나 바닷가의 흰 모래가 깔려 있는 곳. 백모래밭.

28 '女'자의 본래 뜻과 소리는 '계집 녀'입니다. 그러나 낱말의 첫 음절에서는 '두음법칙'에 의해 '여'로 적습니다.

29 北(북녘 북)자는 쓰임에 따라 뜻과 소리가 달라지는 글자입니다.
참 敗北(패배)▸(패할 패)(달아날 배).

32 長(긴 장)자의 '긴'은 '길다, 길이, 오래다' 등을 뜻하는 말로, 校長(교장)·學長(학장) 등과 같이 쓰일 때에는 '책임자', '우두머리'의 뜻을 더하는 접미사입니다.

33 山(메 산)자의 '메'는 '산(山)'을 예스럽게 이르는 말입니다. → '메 산'을 '뫼 산'이라고 하는 경우도 있는데, '뫼'는 '산의 방언', 또는 '사람의 무덤'을 이르는 말입니다.

36 土(흙 토)자는 士(선비 사)자와 서로 모양이 비슷하여 혼동하기 쉬운 글자입니다.

41 小(작을 소)자는 '작다, 짧다' 등의 뜻으로 쓰이며, '大(큰 대)'자와 서로 뜻이 상대되는 글자입니다. '적다, 약간, 젊다' 등의 뜻으로 쓰이는 '少(적을 소)'자와는 쓰임이 다르므로 주의해야 합니다.

42 敎(가르칠 교)자는 校(학교 교)자와 서로 혼동하기 쉬운 글자입니다.

49 女(계집 녀 : 총3획)▸ ㄑ 女 女
→ 뚫고 지나는 획은 맨 나중에 씁니다.

50 木(나무 목 : 총4획)▸ 一 十 才 木
→ 가로획과 세로획이 교차할 때에는 가로획을 먼저 쓰고, 세로획을 나중에 씁니다.

02회 예상문제 21쪽~22쪽

01	연	02	중	03	청	04	백
05	대	06	문	07	수	08	화
09	부	10	녀	11	국	12	토
13	왕	14	실	15	외	16	③
17	⑦	18	②	19	⑩	20	④
21	⑥	22	⑨	23	⑤	24	①
25	⑧	26	⑤	27	④	28	③
29	①	30	②	31	⑩	32	③
33	⑥	34	⑨	35	⑦	36	⑧
37	④	38	①	39	⑤	40	②
41	⑤	42	⑥	43	①	44	⑧
45	③	46	⑦	47	②	48	④
49	①	50	③				

해설

01 ~ 02 연중(年中)▸(해 년)(가운데 중) : 한 해 동안. → '年'자의 본래 훈과 음은 '해 년'이나 낱말의 첫 음절에서는 두음법칙에 의해 '연'으로 적습니다.
참 두음법칙(頭音法則) : 일부의 소리가 단어의 첫머리에 발음되는 것을 꺼려 다른 소리로 발음되는 현상. 예를 들면 'ㄹ'은 'ㄴ'이나 'ㅇ'으로 변하고, 'ㄴ'은 'ㅇ'으로 변하는 따위를 말함.
예 老人(로인 → 노인) / 女子(녀자 → 여자).

03 청팀(靑－) : '청군(靑軍)'이라고도 하는데, (체육대회나 운동회 따위에서) 빛깔에 따라 편을 갈랐을 때, 푸른 쪽의 편을 말함.

04 백팀(白－) : '백군(白軍)'이라고도 하는데, (체육대회나 운동회 따위에서) 빛깔에 따라 편을 갈랐을 때, 흰 쪽의 편을 말함.

05 ~ 06 대문(大門)▸(큰 대)(문 문) : 큰 문.

07 ~ 08 수화(水火)▸(물 수)(불 화)
: 물과 불을 아울러 이르는 말로, 서로 뜻이 상대되는 한자로 결합된 한자어입니다.

09 ~ 10 부녀(父女)▸(아비 부)(계집 녀)
: 아버지와 딸.

11 ~ 12 국토(國土)▸(나라 국)(흙 토)
: 한 나라의 통치권이 미치는 땅을 이르는 말.

12 土(흙 토)자는 '士(선비 사)'자와 모양이 비슷하여 서로 혼동하기 쉬운 글자입니다. '士(선비 사)'자는 아래쪽 '一'자의 길이가 위쪽의 '一'자보다 짧습니다.

13 ~ 14 왕실(王室)▸(임금 왕)(집 실)
: 임금의 집안.

15 실외(室外)▸(집 실)(바깥 외)
: 방이나 건물 따위의 밖.

17 木(나무 목)자는 '水(물 수)'와 모양이 비슷하여 혼동하기 쉬운 글자입니다.

18 ~ 19 남북(南北)▸(남녘 남)(북녘 북)
: 남쪽과 북쪽을 아울러 이르는 데에서, 남한(南韓)과 북한(北韓)을 이르기도 합니다.

21 민간(民間)▸(백성 민)(사이 간)
: 일반 백성들 사이.

22 弟(아우 제)자의 '아우[弟]'는 '같은 부모에게서 태어난 사이거나 일가친척 가운데 항렬이 같은 남자들 사이에서 손아랫사람을 이르는 말입니다.

24 ~ 25 九(아홉 구)에 七(일곱 칠)을 더하면 십육(十六)이 됩니다. '십육(十六)'은 '일십육(一十六)'이라고도 합니다.

26 四(넉 사)자는 西(서녘 서)자와 서로 모양이 비슷하여 혼동하기 쉬운 글자입니다.

27 長(긴 장)자의 '긴'은 '길다, 길이, 오래다, 책임자, 우두머리' 등을 뜻하는 말로 쓰입니다.

34 山(메 산)자의 '메'는 '산'을 예스럽게 이르는 말입니다.
→ '메 산'을 '뫼 산'이라고도 하는데 '뫼'는 '산의 방언', 또는 '사람의 무덤'을 이르는 말입니다.

37 金(쇠 금)자는 쓰임에 따라 뜻과 소리가 달라지는 글자입니다.
참 金(쇠 금, 성 김).

39 人(사람 인)자는 入(들 입), 八(여덟 팔)자 등과 서로 모양이 비슷하여 혼동하기 쉬운 글자입니다.

45 '生(날 생)'에서 '날'은 '태어나다'는 뜻으로, '日(날 일)'자의 '날'과는 뜻이 다릅니다. 日(날 일)자의 '날'은 '지구가 한 번 자전하는 동안', 또는 '자정에서 다음 자정까지의 동안'을 뜻합니다.

46 十(열 십)자는 쓰임에 따라 소리가 달라지는 글자입니다.
참 十二月(십이월), 十月(시월), 十方(시방).

49 小(작을 소 : 총3획)▸亅 小 小
→ 가운데를 중심으로 왼쪽과 오른쪽이 서로 대칭을 이루는 글자는 가운데 획을 맨 처음에 씁니다.

50 五(다섯 오 : 총4획)▸一 丆 五 五
→ 가로획을 먼저 쓰고 세로획을 나중에 쓰는 것이 일반적이나 '五'자는 다른 예로 쓰인 것입니다.
참 王(임금 왕) : 一 二 干 王 / 一 丅 干 王

03회 예상문제 23쪽~24쪽

01	시	02	삼	03	모	04	여
05	생	06	김	07	동	08	산
09	연	10	중	11	교	12	실
13	장	14	한	15	일	16	⑦
17	⑤	18	③	19	⑨	20	⑩
21	②	22	⑧	23	①	24	④
25	⑥	26	②	27	⑤	28	③
29	①	30	④	31	③	32	⑦
33	⑤	34	⑥	35	⑩	36	①
37	⑨	38	④	39	⑧	40	②
41	⑧	42	③	43	⑤	44	⑦
45	①	46	④	47	②	48	⑥
49	④	50	⑨				

해설

01 十月(시월)▸(열 십)(달 월)
→ 十자의 본래 훈과 음은 '열 십'이나 月(달 월)자의 앞에서는 '시'로 적습니다.
참1 한자어에서 본음(本音)으로도 나고 속음(俗音)으로도 나는 것은 각각 그 소리에 따라 적습니다. 이것은 한자어의 음이 일정하지 않은 것에 대하여 규정한 것입니다.
참2 속음(俗音)이란 관용으로 널리 통용되고 있는 본음(本音) 이외의 음을 말합니다. 시월(十月), 시방정토(十方淨土), 초파일(初八日), 모과(木瓜), 시왕(十王) 등은 모두 속음으로 소리 나는 것들입니다.

03 姨母(이모)▸(이모 이)(어미 모)
: 어머니의 여자 형제.

04 ~ 05 女同生(여동생)
▸(계집 녀)(한가지 동)(날 생)
→ '女'자의 본래 훈과 음은 '계집 녀'입니다. 그러나 낱말의 첫 음절에서는 두음법칙에 의해 '여'로 적습니다.

06 ~ 08 金東山(김동산)
▸(성 김)(동녘 동)(메 산)
→ '金'자는 쓰임에 따라 훈과 음이 달라지는 글자입니다. '사람의 성'을 뜻할 때에는 '김'으로 읽습니다. 참 金(쇠 금, 성 김).

08 '山'자의 훈과 음은 '뫼 산' 또는 '메 산'이라고 합니다. '메'는 '산'을 예스럽게 이르는 말이며, '뫼'는 '산의 방언', 또는 '사람의 무덤'을 이르는 말입니다.

09 ~ 10 연중(年中)▸(해 년)(가운데 중)
: 한 해 동안.
→ '年'자의 본래 훈과 음은 '해 년'이나 낱말의 첫 음절에서는 두음법칙에 의해 '연'으로 적습니다.

11 ~ 12 教室(교실)▸(가르칠 교)(집 실)
: 학습 활동이 이루어지는 방.

13 장남(長男)▸(긴 장)(사내 남) : 맏아들.

14 ~ 15 韓日(한일)▸(나라 한)(날 일)
: 한국(韓國)과 일본(日本)을 아울러 이르는 말입니다.

16 ~ 17 예로부터 우리 민족이 흰옷을 즐겨 입은 데서, '한민족'을 '白衣民族(백의민족)▸(흰 백)(옷 의)(백성 민)(겨레 족)'이라고 합니다.

20 '달'은 '月(달 월)'자의 뜻을 가리킵니다.

21 '물'은 '水(물 수)'자의 뜻을 가리킵니다.

22 '네'는 '四(넉 사)'자의 뜻으로, '넉, 넷, 네, 너' 등으로 씁니다.
참 종이 넉 장. 어른 넷. 쌀 너 되.

23 力(힘 력)자는 ① 사람이나 동물이 스스로 움직이거나 다른 물건을 움직이게 하는 근육 작용, ② (과학에서) 물체의 모양이나 운동 상태를 변하게 하는 원인을 뜻합니다. '刀(칼 도)'자와 모양이 비슷하여 혼동하기 쉬운 글자입니다.

24 靑(푸를 청)자는 아랫부분을 보통 '月'자로 씁니다.

25 小(작을 소)자는 少(적을 소)자와 모양이 비슷하여 혼동하기 쉬운 글자입니다. '작다'는 '길이·넓이·부피 따위가 비교 대상이나 보통보다 덜함'을 이르고, '적다'는 '수효·분량·정도 따위가 일정한 기준에 미치지 못함'을 이르는 말입니다.

26 先(먼저 선)자는 '먼저, 앞서 나아가다, 옛날' 등을 뜻하는 말로 쓰입니다.

27 土(흙 토)자는 士(선비 사)자와 모양이 비슷하여 혼동하기 쉬운 글자입니다.

31 '서녘'에서 '녘'은 '쪽'과 같은 말로, '방향'을 가리키는 말입니다. '녁'으로 쓰는 것은 잘못입니다.

41 弟(아우 제)자는 第(차례 제)자와 모양이 비슷하여 혼동하기 쉬운 글자입니다.

42 '六'자의 본래 훈과 음은 '여섯 륙'입니다. '여섯 육'으로 쓰는 것은 잘못입니다.

45 軍(군사 군)자는 車(수레 거/차)자와 모양이 비슷하여 혼동하기 쉬운 글자입니다.

49 父(아비 부 : 총4획)▸ 
→ 삐침[丿]과 파임[㇏]이 서로 만날 때에는 삐침[丿]을 먼저 씁니다.

50 軍(군사 군 : 총9획)▸ 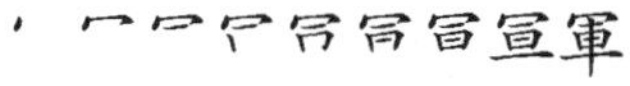

04회 예상문제 25쪽~26쪽

01	다섯 오	02	여섯 륙	03	아비 부	04	작을 소
05	일곱 칠	06	해 년	07	아우 제	08	달 월
09	긴 장	10	메 산	11	삼	12	촌
13	한	14	국	15	금	16	여
17	중	18	학	19	교	20	만
21	⑩	22	⑤	23	⑧	24	①
25	③	26	④	27	⑥	28	②
29	⑦	30	⑨	31	①	32	⑧
33	②	34	⑤	35	④	36	⑥
37	③	38	⑦	39	③	40	④
41	⑧	42	⑥	43	⑦	44	②
45	⑤	46	⑨	47	①	48	⑩
49	⑥	50	②				

해설

02 '六'자의 본래 훈과 음은 '여섯 륙'입니다. '여섯 육'으로 쓰는 것은 잘못입니다.

04 小(작을 소)자는 少(적을 소)자와 모양이 비슷하여 서로 혼동하기 쉬운 글자입니다. 小[작다]는 '길이·넓이·부피 따위가 비교 대상이나 보통보다 덜함'을 이르고, 少[적다]는 '수효·분량·정도 따위가 일정한 기준에 미치지 못함'을 이르는 말입니다.

06 年(해 년)자의 '해'는 '지구가 태양을 한 바퀴 도는 동안', 즉 '열두 달'을 뜻합니다.

07 弟(아우 제 : 弓부, 총7획)자는 第(차례 제 : 竹부, 총11획)자와 모양이 비슷하여 혼동하기 쉬운 글자입니다.

09 長(긴 장)자의 '긴'은 '길다, 길이, 오래다, 늘이다' 등을 뜻하는 말입니다. 校長(교장)·學長(학장) 등과 같이 쓰일 때에는 '책임자', '우두머리'의 뜻을 더하는 접미사입니다.

11 ~ 12 三寸(삼촌)▸(석 삼)(마디 촌)
: ① 아버지의 형제. 특히, 결혼하지 않은 남자 형제를 이르는 말. ② 형제의 자녀와의 촌수(寸數).

13 ~ 14 韓國(한국)▸(나라 한)(나라 국)
: 대한민국(大韓民國)을 이르는 말.

15 '金'자는 쓰임에 따라 뜻과 소리가 달라지는 글자입니다. '쇠, 돈, 금메달' 등을 뜻할 때에는 '금'으로 읽고, '같은 조상으로부터 갈려 나온 친족을 나타내기 위하여 붙인 칭호'를 뜻할 때에는 '김'으로 읽습니다.

16 女子(여자)▸(계집 녀)(아들 자)
→ '女'자의 본래 음은 '녀'입니다. 그러나 낱말의 첫 음절에서는 두음법칙에 의해 '여'로 적습니다.
참 두음법칙(頭音法則) : 일부의 소리가 단어의 첫머리에 발음되는 것을 꺼려 다른 소리로 발음되는 현상. 예를 들면 'ㄹ'은 'ㄴ'이나 'ㅇ'으로 변하고, 'ㄴ'은 'ㅇ'으로 변하는 따위를 말함.
예 老人(로인 → 노인), 女人(녀인 → 여인).

17 ~ 19 中學校(중학교)
▸(가운데 중)(배울 학)(학교 교)
→ [中 + 學校]의 결합으로 이루어진 합성어입니다.

20 萬歲(만세)▸(일만 만)(해 세)
: 경축·환호 또는 승리를 기뻐하는 뜻으로, 두 손을 높이 들면서 외치는 소리.

23 西(서녘 서)자는 四(넉 사)자와 서로 모양이 비슷하여 혼동하기 쉬운 글자입니다.

25 '여덟'은 '八(여덟 팔)'자의 뜻으로, '入(들 입)'자와 모양이 비슷하여 혼동하기 쉬운 글자입니다.

32 '母(어미 모)'자는 '毋(말 무)'자와 모양이 비슷하여 혼동하기 쉬운 글자입니다.
참 毋(무 : ~하지 말라).

38 敎(가르칠 교)자는 '教'자와 같이 모양이 변하여 쓰기도 합니다.

42 '네거리'는 [네 + 거리]의 결합어로 이루어진 합성어입니다. 이는 '한 지점에서 길이 네 방향으로 갈라져 나간 곳'을 이릅니다.

43 ~ 44 전체 아홉[九] 명에서 두[二] 명이 결석하였기 때문에 출석한 사람은 모두 일곱[七] 명입니다.

46 白(흰 백)자는 百(일백 백)자와 서로 혼동하기 쉬운 글자입니다.

47 ~ 48 南北(남북)▸(남녘 남)(북녘 북)
→ 남북은 서로 뜻이 상대되는 한자로 결합된 반대자입니다.
→ '남쪽', '북쪽'에서 '쪽'은 '녘'과 같은 말로, '남쪽'은 '남녘'과 같은 말입니다.

49 東(동녘 동 : 총8획)▸ 一 ㄏ 丙 百 百 申 東 東
→ 뚫고 지나는 획[丨]은 맨 나중에 씁니다.
→ 삐침[丿]과 파임[㇏]이 서로 만날 때에는 삐침[丿]을 먼저 씁니다.

50 火(불 화 : 총4획)▸ 丶 丷 少 火
→ 삐침[丿]과 파임[㇏]이 서로 만날 때에는 삐침[丿]을 먼저 씁니다.

05회 예상문제 27쪽~28쪽

01	군사 군	02	열 십	03	집 실	04	배울 학
05	여덟 팔	06	가르칠 교			07	아비 부
08	흙 토	09	먼저 선	10	백성 민	11	사
12	촌	13	형	14	청	15	년
16	대	17	한	18	국	19	일
20	금	21	④	22	②	23	①
24	⑧	25	⑩	26	⑦	27	③
28	⑥	29	⑤	30	⑨	31	⑧
32	③	33	⑤	34	⑦	35	②
36	④	37	⑥	38	①	39	③
40	②	41	⑦	42	⑤	43	⑥
44	⑧	45	④	46	⑨	47	①
48	⑩	49	⑤	50	⑤		

해설

01 軍(군사 군)자는 車(수레 거/차)자와 서로 혼동하기 쉬운 글자입니다.

03 '室(집 실)'자는 '堂(집 당)'자와 쓰임이 비슷하여 혼동하기 쉬운 글자입니다.

05 八(여덟 팔)자는 人(사람 인), 入(들 입)자 등과 서로 모양이 비슷하여 혼동하기 쉬운 글자입니다.

06 敎(가르칠 교)자는 教자와 같이 모양이 변하여 쓰기도 합니다.

07 父(아비 부)자와 夫(지아비 부)자는 서로 뜻을 혼동하기 쉬운 글자입니다.
→ 아비 : ①'아버지'의 낮춤말. ② 결혼하여 자식을 둔 아들을 이르는 말. ③ 자녀를 둔 여자가 웃어른 앞에서 자기 남편을 낮추어 이르는 말. ④ 손자나 손녀에게 그들의 아버지를 이르는 말.
→ 지아비 : ① 웃어른 앞에서 '자기 남편'을 낮추어 이르는 말. ②'남편'을 예스럽게 이르는 말.

09 '先(먼저 선)'자는 '먼저, 옛날, 돌아가신 이, 앞서다' 등을 뜻하는 글자로, '後(뒤 후)'자와 서로 뜻이 상대되는 한자입니다.

11 ~ 12 四寸(사촌)▸(넉 사)(마디 촌)
: 아버지의 친형제자매의 아들이나 딸과의 촌수.

14 ~ 15 靑少年(청소년)▸(푸를 청)(적을 소)(해 년)
: '청년과 소년'을 아울러 이르는 말로, [靑 + 少年]의 결합어로 이루어진 합성어입니다.

16 大會(대회)▸(큰 대)(모일 회)
: ① 큰 모임이나 회의. ② 기술이나 재주를 겨루는 큰 모임.

20 金(쇠 금, 성 김)자는 쓰임에 따라 뜻과 소리가 달라지는 글자입니다.
참 金 (쇠 금, 성 김).
→ 여기에서는 사람의 이름이 아닌, 표창이나 기념의 표지로 금・은・동 따위에 여러 가지 모양을 새겨 넣어 만든 둥근 메달을 뜻하는 것이므로 '금'이라고 읽습니다.

24 山(메 산)자의 '메'는 '산(山)'을 예스럽게 이르는 말입니다.
→ '메 산'을 '뫼 산'이라고도 하는데, '뫼'는 주로 '산의 방언', 또는 '사람의 무덤'을 이르는 말로 쓰입니다.

29 西(서녘 서)자는 四(넉 사)자와 모양이 비슷하여 혼동하기 쉬운 글자입니다.

30 萬(일만 만)자의 '일만(一萬)'은 '천(千)의 열 배가 되는 수'를 뜻합니다.

31 '水(물 수)'자는 ' →  → 水'와 같은 형태로 모양이 변한 글자입니다.

35 生(날 생)자의 '날'은 '나다, 태어나다, 낳다, 살다' 등을 뜻합니다.
→ 日(날 일)자의 '날'은 '지구가 한 번 자전하는 동안', 또는 '자정에서 다음 자정까지의 동안'을 뜻합니다.

38 木(나무 목)자는 水(물 수)자와 모양이 비슷하여 서로 혼동하기 쉬운 글자입니다.

39 '中(가운데 중)'자는 '가운데, 안, 속, 사이, 진행되는 과정, 정도에 알맞은 것, 과녁에 맞음' 등의 뜻으로 쓰입니다.

43 ~ 44 남한(南韓)과 북한(北韓)을 아울러 '남북(南北)'이라고 합니다.

45 ~ 46 일곱[七]은 셋[三]보다 넷[四]이 더 많습니다.

47 東(동녘 동)자의 '녘'은 '쪽'과 같은 말로, '방향'을 가리키는 말입니다. '녁'으로 쓰는 것은 잘못입니다.

48 小(작을 소)자는 少(적을 소)자와 서로 혼동하기 쉬운 글자입니다. 小[작다]는 '길이 · 넓이 · 부피 따위가 비교 대상이나 보통보다 덜함'을 뜻하고, 少[적다]는 '수효 · 분량 · 정도 따위가 일정한 기준에 미치지 못함'을 뜻합니다.

49 弟(아우 제 : 총7획) ▸ 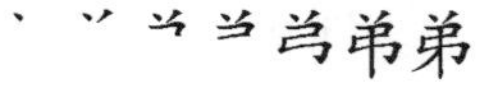
→ 위에서부터 아래로 내려씁니다.
→ 뚫고 지나는 획[丨]은 가로획을 모두 쓰고 난 후에 씁니다.

50 金(쇠 금, 성 김 : 총8획)
▸ 

8급 한자능력검정시험 정답 및 해설

01회 기출 · 예상문제 41쪽~42쪽

01	일	02	학	03	년	04	부
05	모	06	외	07	삼	08	촌
09	중	10	생	11	⑤	12	②
13	⑨	14	⑧	15	①	16	④
17	③	18	⑥	19	⑩	20	⑦
21	⑨	22	⑤	23	⑩	24	⑧
25	⑦	26	⑥	27	②	28	①
29	③	30	④	31	집 실	32	물 수
33	학교 교	34	나라 국	35	백성 민	36	사람 인
37	먼저 선	38	나무 목	39	일곱 칠	40	다섯 오
41	①	42	②	43	③	44	④
45	①	46	④	47	③	48	②
49	①	50	④				

해설

01 ~ 03 一學年(일학년)▸(한 일)(배울 학)(해 년)
→ '學年(학년)'은 '일 년간의 학습 과정의 단위'를 뜻하는 말로, 여기에서 '年(해 년)'자는 일 년을 단위로 구분하는 '때'를 뜻합니다.

04 ~ 05 父母(부모)▸(아비 부)(어미 모)
: 아버지와 어머니.
→ '父母'는 서로 뜻이 상대(반대)되는 한자로 결합된 한자어입니다.

06 ~ 08 外三寸(외삼촌)
▸(바깥 외)(석 삼)(마디 촌)
: 어머니의 남자 형제.
→ 여기에서 '外(외)'자는 '외가(外家), 어머니나 아내의 친척'을 뜻하고, '寸(촌)'자는 '촌수(寸數 : 혈족의 세수를 세는 말)'를 뜻합니다.

11 日(날 일) → 대표 훈은 '날(자정에서 다음 자정까지의 동안)'이지만 여기에서는 '해, 태양(太陽)'을 뜻합니다.

13 東(동녘 동) → '동녘'의 '녘'은 '쪽/방향'과 같은 말입니다.

15 白(흰 백) → '白(백)'자는 '百(일백 백)'자와 모양이 비슷하여 혼동하기 쉬운 글자입니다.

16 西(서녘 서) → '西(서)'자는 '四(넉 사)'자와 모양이 비슷하여 혼동하기 쉬운 글자입니다.

17 土(흙 토) → '土(토)'자는 '士(선비 사)'자와 모양이 비슷하여 혼동하기 쉬운 글자입니다.

20 '남산(南山)'은 '남쪽에 있는 산'을 뜻하는 말로, 주로 '성곽의 남쪽에 있는 산'을 이르는 말입니다.

22 敎(가르칠 교) → '敎(교)'자는 '教'자와 같이 모양을 다르게 쓰기도 하는데, '校(학교 교)'자와 쓰임을 혼동하는 경우가 많으므로 주의해야 합니다.

24 韓(한국/나라 한) → '韓(한)'자는 '漢(한수 한)'자와 쓰임을 혼동하는 경우가 많으므로 주의해야 합니다.

25 軍(군사 군) → '軍(군)'자는 '車(수레 거/차)'자와 모양이 비슷하여 혼동하기 쉬운 글자입니다.

27 '九(아홉 구)'자는 필순에 혼동하는 경우가 많은데, '삐침 별(丿)'을 먼저 쓰고, '새 을(乙)'을 나중에 씁니다. 참 力 : 丨ㄱ力

34 國(나라 국) → '口(큰입 구 : 국경)'자와 '或(혹 혹 : 백성과 영토)'자를 결합하여 만든 글자입니다. '或(혹)'자는 '창[戈]'을 들고 '백성[口]'과 '영토[一]'를 혹시(或是) 있을지 모를 적의 침입에 대비한다는 뜻을 나타낸 글자입니다.

35 民(백성 민) → '백성(百姓)' '온갖 성(姓)'이라는 뜻에서, 나라의 근본을 이루는 일반 국민을 예스럽게 이르는 말입니다.

37 先(먼저 선) → '먼저, 미리, 옛날, 이전, 돌아가신 이, 조상, 앞서다, 높이다' 등의 뜻으로 쓰이는 글자입니다.

42 長(긴 장) → '長(장)'자는 '길다'는 뜻 이외에 '장점, 어른, 우두머리' 등의 뜻으로도 많이 쓰이는 글자입니다.

44 八(여덟 팔) → '八(팔)'자는 '人(사람 인)', '入(들 입)'자와 모양이 비슷하여 혼동하기 쉬운 글자입니다.

45 女(계집 녀) → '女(녀)'자는 본음이 '녀'이나 낱말의 첫머리에서는 '여'로 읽고 적습니다.

49 小(작을 소 : 총3획) ▸ 亅 小 小
→ 왼쪽과 오른쪽의 모양이 서로 비슷한 글자는 가운데를 먼저 씁니다.

50 王(임금 왕 : 총4획) ▸ 一 二 干 王
→ 가로획과 세로획이 서로 겹칠 때에는 가로획을 먼저 쓰고 세로획을 나중에 씁니다.

02회 기출·예상문제 43쪽~44쪽

01	대	02	한	03	민	04	국
05	군	06	인	07	학	08	교
09	교	10	실	11	선	12	생
13	부	14	모	15	형	16	제
17	⑩	18	⑭	19	⑬	20	⑮
21	⑪	22	⑧	23	①	24	⑨
25	⑫	26	⑥	27	⑦	28	④
29	⑤	30	③	31	②	32	①
33	⑥	34	④	35	⑤	36	③
37	②	38	넉 사	39	흙 토	40	쇠 금 성 김
41	작을 소	42	일만 만	43	마디 촌		
44	계집 녀	45	긴 장	46	임금 왕	47	석 삼
48	문 문	49	④	50	②		

해설

01 ~ 04 大韓民國(대한민국)
▸(큰 대)(나라 한)(백성 민)(나라 국)
: '우리나라의 국호(國號)'로, 대한(大韓)·한국(韓國) 등으로 줄여서 쓰기도 합니다.

05 ~ 06 軍人(군인) ▸(군사 군)(사람 인)
: (육·해·공군의 장교, 하사관, 사병을 통틀어) 군대에서 복무하는 사람.

07 ~ 08 學校(학교) ▸(배울 학)(학교 교)
: 일정한 교육의 목적아래 학습에 필요한 설비를 갖추고 교사가 계속적으로 학생에게 교육을 실시하는 기관.

09 ~ 10 教室(교실) ▸(가르칠 교)(집 실)
: 학습 활동이 이루어지는 방.

11 ~ 12 先生(선생)▸(먼저 선)(날 생)
: ① 학생을 가르치는 사람. ② 학문과 예능이 뛰어난 사람. ③ 성(姓)이나 직함 따위에 붙여 남을 높여 이르는 말. ④ 어떤 일에 경험이 많거나 잘 아는 사람. ⑤ 자기보다 나이가 적은 남자 어른.
→ 여기에서는 ①의 뜻입니다.

13 ~ 14 父母(부모)▸(아비 부)(어미 모)
→ 서로 뜻이 상대되는 한자로 결합된 한자어입니다.

15 ~ 16 兄弟(형제)▸(형 형)(아우 제)
→ 서로 뜻이 상대되는 한자로 결합된 한자어입니다.

18 '나무'를 뜻하는 글자는 木(나무 목)자 이외에 樹(나무 수, 6급)자도 있습니다.

19 ~ 21 우리나라의 지형은 동쪽이 높아서 바다와 맞닿아 있는 해안선은 절벽을 이루고, 서쪽은 낮아서 넓은 평야를 이루고 있습니다. 그래서 우리나라의 지형을 '동고서저(東高西低)'라고 합니다.
→ 東高西低(동고서저)▸(동녘 동)(높을 고)(서녘 서)(낮을 저) : 동쪽 지역은 높고 서쪽 지역은 낮은 상태.

25 ~ 27 우리나라의 북쪽은 대륙과 서로 이어져 산이 많으며, 남쪽은 삼면이 바다로 둘러 싸여 있어서 섬이 많습니다.

32 水(물 수)자는 木(나무 목)자와 모양이 비슷하여 서로 혼동하기 쉬운 글자입니다.

34 日(날 일)자는 '해, 태양, 햇볕, 햇빛, 하루 동안, ~날의 뜻을 더하는 접미사' 등의 뜻으로 쓰이는 글자입니다.

35 月(달 월)자의 '달'은 '지구의 위성(衛星)'을 뜻하기도 하고, '한 해를 열둘로 나눈 하나를 단위로 하는 기간'을 뜻하기도 합니다.

36 外(바깥 외)자와 서로 뜻이 상대되는 반대자는 內(안 내)자가 있습니다.

38 '四(넉 사)'자는 '西(서녘 서)'자와 서로 모양이 비슷하여 혼동하기 쉬운 글자입니다.

39 土(흙 토)자는 士(선비 사)자와 서로 모양이 비슷하여 혼동하기 쉬운 글자입니다.

40 金(쇠 금, 성 김)자는 두 가지의 뜻과 소리를 가지고 있습니다. 한 가지만 써도 정답으로 인정합니다.

43 '寸(마디 촌)'자의 뜻인 '마디'는 '아주 적거나 짧은 것을 형용하는 말'입니다.

45 長(긴 장)자의 대표 훈과 음은 '긴 장'입니다. 여기에서 '긴'은 '길다'는 뜻입니다. 그러나 '교장(校長)', '실장(室長)' 등에서는 '우두머리 · 어른'을 뜻합니다.

47 三(석 삼)자의 '석'은 '냥 · 달 · 되 · 동 · 섬 · 자' 등의 의존 명사 앞에서 그 수량이 '셋'임을 나타내는 말입니다.

48 '門(문 문)'자는 '𠚍 → 門 → 門'과 같은 형태로 모양이 변한 것으로, '두 개의 문짝이 있는 문의 모양'을 본뜬 글자입니다.

49 白(흰 백 : 총5획)▸ 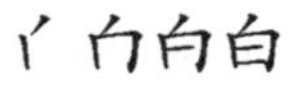
→ 안쪽 획을 바깥쪽 획이 감싸고 있을 때에는 바깥쪽의 세 부분을 먼저 쓴 뒤에 안쪽 획을 쓰고, 맨 나중에 바깥쪽의 한 획을 씁니다.

50 年(해 년 : 총6획)▸ 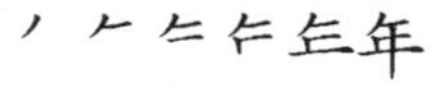
→ 뚫고 지나는 획은 맨 나중에 씁니다.

03회 기출 · 예상문제 45쪽~46쪽

01	군	02	인	03	삼	04	촌
05	부	06	모	07	형	08	제
09	중	10	학	11	생	12	대
13	한	14	민	15	국	16	⑩
17	①	18	④	19	⑦	20	⑨
21	③	22	②	23	⑤	24	⑥
25	⑧	26	열 십	27	임금 왕	28	흰 백
29	여덟 팔	30	쇠 금 / 성 김			31	먼저 선
32	긴 장	33	여섯 륙	34	일만 만	35	북녘 북
36	⑤	37	⑥	38	①	39	⑧
40	③	41	⑦	42	②	43	④
44	⑤	45	③	46	①	47	④
48	②	49	③	50	③		

해설

01 ~ 02 軍人(군인)▸(군사 군)(사람 인) : (육 · 해 · 공군의 장교, 하사관, 사병을 통틀어) 군대에서 복무하는 사람.

03 ~ 04 三寸(삼촌)▸(석 삼)(마디 촌) : ① 아버지의 형제. 특히, 결혼하지 않은 남자 형제를 이르는 말. ② 형제의 자녀와의 촌수(寸數).

05 ~ 06 父母(부모)▸(아비 부)(어미 모) : 서로 뜻이 상대되는 한자로 결합된 한자어입니다.

07 ~ 08 兄弟(형제)▸(형 형)(아우 제) : 서로 뜻이 상대되는 한자로 결합된 한자어입니다.

09 ~ 11 中學生(중학생)▸(가운데 중)(배울 학)(날 생) : 중학교에 다니고 있는 학생.
→ '中學 + 生'의 결합으로 이루어진 합성어입니다.

12 ~ 15 大韓民國(대한민국)▸(큰 대)(나라 한)(백성 민)(나라 국) : 우리나라.
→ '대한민국'을 줄여서 '대한(大韓)', 또는 '한국(韓國)'이라고도 합니다. 여기에서 '민국(民國)'은 '민주정치를 시행하는 나라'라는 뜻입니다.

17 '室(집 실)'자는 주로 '방, 아내'를 뜻하는 말로 쓰입니다.

19 동쪽에서 해가 떠오르는 것을 '일출(日出)'이라고 합니다.
→ 日(날 일)자는 '해, 태양, 햇볕, 햇빛, 하루 동안, ~날의 뜻을 더하는 접미사' 등의 뜻으로 쓰이는 글자입니다.

24 ~ 25 靑山(청산)▸(푸를 청)(메 산) : 푸른 산.
→ 일반적으로 靑자를 필기할 때에는 아랫부분[円]을 '月'자로 바꾸어 씁니다.
참 靑 = 青.

26 '十(열 십)'자는 뒤에 오는 글자에 따라 발음이 달라지는데, 특히 '月(달 월), 方(모 방)'자 앞에서는 '시'로 읽고 적습니다.
참 十月(시월) : 한 해 열두 달 가운데 열째 달.
참 十方(시방) : 사방(四方 : 동서남북), 사우(四隅 : 동남, 동북, 서남, 서북), 상하(上下 : 위와 아래)를 통틀어 이르는 말.

27 王(임금 왕)자는 主(주인 주)자와 서로 혼동하기 쉬운 글자입니다.

28 白(흰 백)자는 주로, '희다, 흰 빛' 등을 뜻하며, (말하는 사람의 이름 뒤에 붙어서) '말씀드린다.'는 뜻을 더하는 접미사로 쓰이기도 합니다.
참 주인 白, 소장 白.

30 金(쇠 금, 성 김)자는 쓰임에 따라 뜻과 소리가 달라지는 글자입니다.
참 白金(백금), 黃金(황금), 金氏(김씨).

31 先(먼저 선)자와 서로 뜻이 상대되는 한자는 後(뒤 후)자입니다.

32 長(긴 장)자는 (일부 명사 앞에 붙어서) '긴' 또는 '오랜'의 뜻을 더하는 말로 쓰이기도 하고, '길이', 또는 '어떤 조직체나 부서 단위의 우두머리'를 뜻하기도 합니다.

33 '六(여섯 륙)'자의 본래 소리는 '륙'이나 앞, 또는 뒤에 오는 한자에 따라 소리가 달라지기도 합니다.
참 六月(유월), 五六月(오뉴월).

35 北(북녘 북)자의 '녘'은 '쪽 · 방향', 또는 '어떤 때의 무렵'을 이르는 말입니다. '녁'으로 쓰는 것은 잘못입니다.

38 南(남녘 남)자와 서로 뜻이 상대되는 한자는 北(북녘 북)자입니다.

43 西(서녘 서)자는 四(넉 사)자와 모양이 비슷하여 혼동하기 쉬운 글자입니다.

46 四(넉 사)자의 '넉'은 (냥 · 달 · 되 · 동 · 섬 · 자 · 장 · 줄 따위의 단위를 나타내는 말 앞에 쓰여) 그 수량이 '넷'임을 나타내는 말입니다.

48 女(계집 녀)자의 '계집'은 '여자', 또는 '아내'를 낮잡아 이르는 말입니다.

49 校(학교 교 : 총10획)
▸ 一 十 才 木 木' 杧 杧 杧 校 校
→ 왼쪽을 먼저 쓰고 오른쪽을 나중에 씁니다.
→ 삐침[ノ]과 파임[㇏]이 서로 만날 때에는 삐침[ノ]을 먼저 씁니다.

50 水(물 수 : 총4획) ▸ 亅 刁 水 水
→ 가운데를 중심으로 왼쪽과 오른쪽이 서로 대칭을 이루는 글자는 가운데 획을 맨 처음에 씁니다.

04회 기출 · 예상문제 47쪽~48쪽

01	동	02	서	03	남	04	북
05	사	06	월	07	화	08	수
09	목	10	금	11	토	12	일
13	일	14	학	15	생	16	④
17	①	18	⑥	19	⑨	20	⑦
21	⑤	22	⑧	23	③	24	②
25	⑤	26	⑫	27	①	28	⑧
29	③	30	⑩	31	④	32	⑪
33	②	34	⑥	35	⑨	36	⑦
37	⑫	38	③	39	⑦	40	⑨
41	⑧	42	⑤	43	④	44	⑩
45	②	46	①	47	⑪	48	⑥
49	④	50	②				

해설

01 ~ 15 한자의 독음(讀音)을 묻는 문제이므로 각 글자의 음[音 : 소리]만 적어야 합니다. 간혹 훈[訓 : 뜻]과 함께 쓰는 경우가 있는데, 이는 잘못입니다.

01 ~ 04 東西南北(동서남북)▸(동녘 동)(서녘 서)(남녘 남)(북녘 북) : 사방(四方). 네 방위.

06 ~ 12 月(달 월) · 火(불 화) · 水(물 수) · 木(나무 목) · 金(쇠 금) · 土(흙 토) · 日(날 일)
: 주일(週日). 월요일부터 일요일까지의 이레 동안.

11 土(흙 토)자는 士(선비 사)자와 서로 모양이 비슷하여 혼동하기 쉬운 글자입니다.

13 週日(주일)▸(주일 주)(날 일)
: 월요일부터 일요일까지의 이레 동안.
→ '주일(週日)'을 줄여서 '주(週)'라고도 합니다.

14~15 學生(학생)▸(배울 학)(날 생)
: 학교에 다니면서 공부하는 사람.

16~18 열[十(열 십)]을 둘[二(두 이)]로 나누면 다섯[五(다섯 오)]이 됩니다.

19~22 세[三(석 삼)] 사람[人(사람 인)]이 집[室(집 실)] 바깥[外(바깥 외)]에서 이야기를 합니다.

23~24 어머니[母(어미 모)]와 아버지[父(아비 부)]의 은혜는 하늘과 같습니다.
→ 부모님의 은혜는 하늘 같이 높고 넓어서 그 깊이와 넓이를 다 헤아릴 수 없음을 이르는 말입니다.

25 山(메 산)자의 '메'는 '산(山)'을 예스럽게 이르는 말입니다.
→ '메 산'을 '뫼 산'이라고도 하는 '뫼'는 '산의 방언', 또는 '사람의 무덤'을 이르는 말입니다.

26 靑(푸를 청)자는 아랫부분[円]을 '月'자로 바꾸어 쓰기도 합니다.
참 靑 = 青.

27 女(계집 녀)자의 본래 뜻과 소리는 '계집 녀'입니다. '계집 여'로 쓰는 것을 잘못입니다. '계집'은 '여자(女子)'를 낮잡아 이르는 말입니다.

28 '八'자는 서체에 따라 글자의 모양이 다르게 보이므로 '人(사람 인), 入(들 입)'자 등과 혼동하는 경우가 많습니다.
참 八 = 八, 人 = 人, 入 = 入

30 萬(일만 만)자의 '일만(一萬)'은 '천(千)의 열 배가 되는 수'를 뜻합니다.

31 韓(나라 한)자는 필순에서 자주 틀리는 글자입니다. 다음의 순서를 잘 익혀보세요.
→ 韓 ▸ 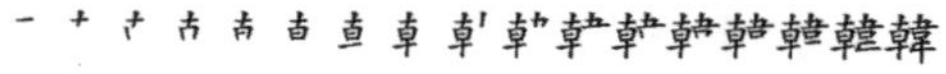

32 校(학교 교)자는 '木(나무 목) + 交(사귈 교)자'가 결합하여 이루어진 글자입니다.

34 白(흰 백)자는 '희다, 흰 빛' 등을 뜻하며, (말하는 사람의 이름 뒤에 붙어서) '말씀드린다.'는 뜻을 더하는 접미사로 쓰이기도 합니다.
참 주인 白. 소장 白.

37 寸(마디 촌)자는 길이의 단위로, '치'라고 합니다. 한 치[寸]는 한 자[尺]의 10분의 1, 또는 약 3.33cm에 해당합니다.

42 年(해 년)자의 '해'는 '지구가 태양을 한 바퀴 도는 동안'을 이르는 말입니다. '年'자는 '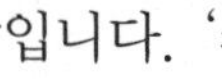 → 年'와 같은 모양으로 변한 형성자(形聲字)로, '곡식이 익었다.'는 뜻에서, '벼가 자라는 동안의 한 해'를 뜻하기도 합니다.

45 '軍(군사 군)'자는 ' → 軍'과 같은 형태로 모양이 변한 것으로, '전차(戰車) 주위를 둘러싸고 싸우는 형세'를 뜻하는 글자입니다.

46 民(백성 민)자의 '백성(百姓)'은 나라의 근본을 이루는 '국민'을 예스럽게 이르는 말입니다.

47 七(일곱 칠)자는 北(북녘 북)자의 오른쪽 부분인 匕(비수 비)자와 모양이 비슷하여 혼동하기 쉬운 글자입니다.

48 兄(형 형)자와 서로 뜻이 상대되는 한자는 弟(아우 제)자가 있습니다.

49 中(가운데 중 : 총4획)▸ 
→ 뚫고 지나는 획은 맨 나중에 씁니다.

50 先(먼저 선 : 총6획)▸ 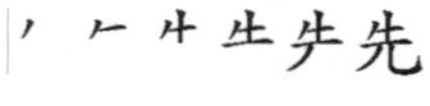
→ 가로획과 세로획이 서로 교차할 때에는 가로획을 먼저 씁니다.
→ 왼쪽을 먼저 쓰고 난 후에 오른쪽으로 씁니다.

05회 기출 · 예상문제 49쪽~50쪽

01	청	02	백	03	학	04	생
05	일	06	삼	07	여	08	선
09	육	10	년	11	형	12	부
13	모	14	만	15	국	16	①
17	⑥	18	⑨	19	⑦	20	③
21	⑩	22	②	23	⑤	24	④
25	⑧	26	가르칠 교	27	아홉 구	28	불 화
29	임금 왕	30	큰 대	31	⑤	32	⑩
33	①	34	③	35	②	36	⑨
37	⑧	38	⑥	39	⑦	40	④
41	⑦	42	⑥	43	①	44	④
45	③	46	⑤	47	⑧	48	②
49	④	50	⑧				

해설

01 靑軍(청군)▸(푸를 청)(군사 군)
: (체육 대회나 운동회 따위에서) 여럿으로 편을 갈랐을 때, 푸른 빛깔 쪽의 편.
→ 흔히, 두 편으로 가를 때는 청군 · 백군으로 나눔.

02 白軍(백군)▸(흰 백)(군사 군)
: (체육 대회나 운동회 따위에서) 여럿으로 편을 갈랐을 때, 흰 빛깔 쪽의 편.
→ 흔히, 여러 편으로 가를 때는 청군 · 백군 · 홍군(紅軍) 따위로 나눔.

07 女學生(여학생)▸(계집 녀)(배울 학)(날 생)
→ '女'자는 본래의 소리가 '녀'입니다. 그러나 두음법칙(頭音法則)에 의해 낱말의 첫머리에서는 'ㄴ'이 오는 것을 꺼려서 'ㅇ'으로 적습니다.

08 先生(선생)▸(먼저 선)(날 생)
: 학생을 가르치는 사람.

09 六學年(육학년)▸(여섯 륙)(배울 학)(해 년)
→ '六(여섯 륙)'자는 쓰임에 따라 소리가 달라지는 글자입니다. 특히, '月'자 앞에서는 '유', 또는 '뉴'로 적습니다.
예 六月(유월), 五六月(오뉴월).

14 ~ 15 萬國旗(만국기)▸(일만 만)(나라 국)(기 기) : 세계 여러 나라의 국기.
→ '萬國旗'는 '萬國 + 旗'의 결합으로 이루어진 합성어입니다. '만국(萬國)'은 '세계의 모든 나라'를 이르는 말입니다. 여기에서 '萬'자는 '많다'를 뜻합니다.

21 小(작을 소)자는 少(적을 소)자와 서로 모양이 비슷하여 혼동하기 쉬운 한자입니다. 小(작을 소)자는 '작다, 짧다' 등의 뜻으로 쓰이며, 少(적을 소)자는 '적다, 약간, 젊다' 등의 뜻으로 쓰입니다.

22 ~ 23 서쪽[西]으로 해[日]가 지는 것을 '일입(日入)' 또는 '일몰(日沒)'이라고 하고, '저녁때의 저무는 해'를 '석양(夕陽)'이라고 합니다.
→ '日(날 일)'자는 '날, 햇볕, 태양' 등의 뜻으로 쓰입니다.

24 弟(아우 제)자는 兄(형 형)자와 서로 뜻이 상대되는 한자어입니다.

28 '火(불 화)'자는 '[고문자] → [고문자] → 火'과 같은 형태로 모양이 변한 것으로, '불꽃이 위로 오르는 모양'을 본뜬 글자입니다.

29 '王(임금 왕)'자는 '[고문자] → [고문자] → [고문자] → 王'과 같은 형태로 모양이 변한 것으로, '작은 도끼와 큰 도끼의 모양'을 본떠서 '왕의 권위를 상징하는 뜻'을 담은 글자입니다.

32 二(두 이)자의 '두'는 (단위를 나타내는 말 앞에서) 그 수량이 '둘'임을 나타내는 말입니다.

36 北(북녘 북)자의 '북녘'은 '북쪽'과 같은 말로, '녘'은 '쪽' 또는 '방향'을 가리키는 말입니다. '녁'으로 쓰는 것은 잘못입니다.

40 金(쇠 금)자는 뜻에 따라 소리가 달라지는 글자입니다. '쇠'를 뜻할 때에는 '금'으로 읽고, '성'을 뜻할 때에는 '김'으로 읽습니다.

41 寸(마디 촌)자는 '마디, 길이의 단위, 친척의 멀고 가까운 관계' 등을 뜻합니다.
→ 길이의 단위로 쓰일 때에는 '치'라고도 하는데, 한 치[寸]는 한 자[尺]의 10분의 1, 또는 약 3.33cm에 해당합니다.

43 '十(열 십)'자는 '丨 → ⧫ → 十 → 十'과 같은 형태로 모양이 변한 것으로, '하나의 나뭇가지[丨]'로 '열[十]'을 나타내다가 '새끼로 매듭을 지어 수를 기록한 형태[⧫]'로 사용하였고, 후에 '동서[一]'와 '[丨]'으로 삼아 '사방과 중앙'의 뜻을 갖추어 '열(십)'으로 쓰게 된 글자입니다.

49 民(백성 민 : 총5획)▸ 
→ 첫 번째 획부터 세 번째 획까지의 순서에 유의해야 합니다.

50 長(긴 장 : 총8획)▸ 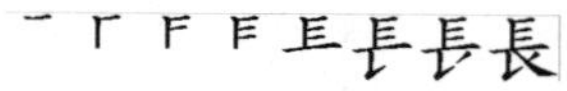
→ 가로획과 세로획이 서로 만날 때에는 가로획을 먼저 씁니다.
→ 삐침[별 : 丿]과 파임[불 : ㇏]이 서로 만날 때에는 삐침[별 : 丿]을 먼저 씁니다.

(사) 한국어문회 주관

한자능력 검정시험

7급 II

- 예상문제 1회 ~ 5회
- 기출 · 예상문제 1회 ~ 5회

정답과 해설은 105 ~ 120쪽에 있습니다.

01회 한자능력검정시험 7급Ⅱ 예상문제

(사) 한국어문회 주관	
합격문항	42문항
시험시간	50분
정　답	105쪽

01 다음 밑줄 친 漢字語한자어의 音(음 : 소리)을 쓰세요.

01~22번

| 보기 |

三十 – [삼십]

01 걸음걸이가 活氣차 보입니다. ……………… [ ]

02 외국 손님에게 韓食을 대접하였습니다. ……………… [ ]

03 농촌생활 체험手記를 썼습니다. ……………… [ ]

04 방 안에는 남녀 五六 명이 모여 있었습니다. ……………… [ ]

05 주말이라 車間마다 사람들로 붐볐습니다. ……………… [ ]

06 회의 중 外人 출입 금지. ……………… [ ]

07 어머니는 외가의 長女입니다. ……………… [ ]

08 유리 工場을 견학하였습니다. ……………… [ ]

09 금요일은 午前에 수업이 끝납니다. ……………… [ ]

10 그는 江東 땅에서 의병을 일으켰습니다. ……………… [ ]

11 교포 二世들이 모국을 방문하였습니다. ……………… [ ]

12 신하들은 임금의 下敎를 들었습니다. ……………… [ ]

13 일을 마쳐야 하는 時日이 얼마 남지 않았다. ……………… [ ]

14 우리나라는 천연자원이 不足합니다. ……………… [ ]

15 일을 하는 데 先後가 없으니 엉망은 당연! ……………… [ ]

16 영국은 대서양과 北海 사이에 있습니다. ……………… [ ]

17 그는 가난하지만 正直하게 살았습니다. ……………… [ ]

18 저들 兄弟는 많이 닮았습니다. ……………… [ ]

19 태풍 때문에 農事에 큰 피해를 입었습니다. ……………… [ ]

20 오늘은 全校 학생회의가 있습니다. ……………… [ ]

21 혼자 살아갈 方道를 찾았습니다. ……………… [ ]

22 바다에 사는 生物을 분류해 보았습니다. ……………… [ ]

02 다음 밑줄 친 漢字語한자어의 뜻을 쓰세요.

23~24번

23 헬기가 上空으로 올라가 비행을 했습니다.
: [ ]

24 경기도 청평에 水力 발전소가 있습니다.
: [ ]

03 다음 |보기|와 같이 漢字의 訓훈과 音음을 쓰세요. 25~44번

|보기|
音 - [소리 음]

25 答 [ ]	26 月 [ ]
27 四 [ ]	28 民 [ ]
29 金 [ ]	30 八 [ ]
31 年 [ ]	32 王 [ ]
33 九 [ ]	34 市 [ ]
35 門 [ ]	36 平 [ ]
37 漢 [ ]	38 白 [ ]
39 火 [ ]	40 學 [ ]
41 男 [ ]	42 大 [ ]
43 每 [ ]	44 七 [ ]

04 다음 훈(訓 : 뜻)과 음(音 : 소리)에 맞는 한자漢字를 |보기|에서 골라 그 번호를 쓰세요. 45~54번

|보기|
①校　②安　③萬　④名　⑤軍
⑥西　⑦家　⑧寸　⑨自　⑩話

45 마디 촌 [ ]	46 학교 교 [ ]
47 말씀 화 [ ]	48 일만 만 [ ]
49 스스로 자 [ ]	50 서녘 서 [ ]
51 편안 안 [ ]	52 군사 군 [ ]
53 이름 명 [ ]	54 집 가 [ ]

05 다음 漢字한자의 상대, 또는 반대되는 漢字한자를 |보기|에서 골라 그 번호를 쓰세요. 55~56번

|보기|
①子　②右　③不　④大

55 [ ] ↔ 小　56 左 ↔ [ ]

06 다음 밑줄 친 단어의 漢字語한자어를 |보기|에서 골라 그 번호를 쓰세요. 57~58번

|보기|
①木手　②木水　③中門　④中立

57 집터에서 목수들이 나무를 켜고 있습니다. ………… [ ]

58 두 사람의 의견이 팽팽하여 **중립**을 지킬 수 밖에 없었다. ….. [ ]

07 다음 漢字한자의 색이 다른 획은 몇 번째 쓰는지 |보기|에서 찾아 그 번호를 쓰세요. 59~60번

|보기|
①첫 번째　②두 번째　③세 번째
④네 번째　⑤다섯 번째

59 正 ………. [ ]

60 平 ………. [ ]

02회 한자능력검정시험 7급Ⅱ 예상문제

(사) 한국어문회 주관	
합격문항	42문항
시험시간	50분
정 답	106쪽

01 다음 밑줄 친 한자어漢字語의 音(음 : 소리)을 쓰세요. 01~22번

| 보기 |

一人 – [일인]

01 로켓이 空中에서 폭발하고 말았습니다. ……………… [ ]

02 모형 비행기는 한동안 水平으로 날았습니다. ……………… [ ]

03 내 친구는 부모님과 함께 全國 각지를 여행하였습니다. ……… [ ]

04 "훌륭한 子弟를 두셨더군요." ……………… [ ]

05 봄은 萬物이 소생하는 계절입니다. ……………… [ ]

06 놀다보니 時間 가는 줄 몰랐습니다. ……………… [ ]

07 아이들은 不安에 떨었습니다. ……………… [ ]

08 그는 外姓의 보호를 받으며 자랐습니다. ……………… [ ]

09 두 사람은 手話로 말을 주고받았습니다. ……………… [ ]

10 우리 팀이 自力으로 결승에 올랐습니다. ……………… [ ]

11 자연환경은 後世에게 물려줄 재산입니다. ……………… [ ]

12 잠들기 直前에 먹는 음식은 건강에 해롭습니다. ……………… [ ]

13 방학 동안 봉사活動을 하였습니다. ……………… [ ]

14 친구와 上午 10시에 만나기로 하였습니다. ……………… [ ]

15 현충일은 六月 육일입니다. ……………… [ ]

16 그 지역에는 名家의 자손들이 많습니다. ……………… [ ]

17 샘물은 食道를 시원하게 적셔주었습니다. ……………… [ ]

18 할아버지는 二男에게 가업을 물려주었습니다. ……………… [ ]

19 왜적은 大軍을 이끌고 쳐들어왔습니다. ……………… [ ]

20 "멀쩡한 四足을 가지고도 놀고 있다니!" ……………… [ ]

21 승객들이 車內 안내 방송을 따라 움직였다. ……………… [ ]

22 그들은 일도 하기 전에 先金을 요구하였습니다. ……………… [ ]

02 다음 밑줄 친 漢字語한자어의 뜻을 쓰세요. 23~24번

23 우리나라를 東方예의지국이라고 말합니다.
: [ ]

24 내가 그보다 年下인 것을 알았습니다.
: [ ]

03 다음 |보기|와 같이 한자漢字의 훈訓과 음音을 쓰세요. 25~44번

|보기|

人 - [사람 인]

25 王	[ ]	26 七	[ ]
27 門	[ ]	28 小	[ ]
29 青	[ ]	30 生	[ ]
31 寸	[ ]	32 三	[ ]
33 五	[ ]	34 土	[ ]
35 木	[ ]	36 九	[ ]
37 父	[ ]	38 立	[ ]
39 學	[ ]	40 農	[ ]
41 左	[ ]	42 西	[ ]
43 工	[ ]	44 教	[ ]

04 다음 훈(訓 : 뜻)과 음(音 : 소리)에 맞는 한자漢字를 |보기|에서 골라 그 번호를 쓰세요. 45~54번

|보기|

①室 ②江 ③八 ④校 ⑤場
⑥白 ⑦電 ⑧每 ⑨北 ⑩右

45 마당 장	[ ]	46 여덟 팔	[ ]
47 오른 우	[ ]	48 번개 전	[ ]
49 집 실	[ ]	50 강 강	[ ]
51 북녘 북	[ ]	52 흰 백	[ ]
53 학교 교	[ ]	54 매양 매	[ ]

05 다음 한자漢字의 상대, 또는 반대되는 한자漢字를 |보기|에서 골라 그 번호를 쓰세요. 55~56번

|보기|

①父 ②手 ③子 ④弟

55 兄 ↔ [ ] 56 [ ] ↔ 母

06 다음 밑줄 친 단어의 漢字語한자어를 |보기|에서 골라 그 번호를 쓰세요. 57~58번

|보기|

①日氣 ②日記 ③家父 ④家長

57 형은 결혼하여 한 집안의 <u>가장</u>이 되었습니다. .... [ ]

58 이번 주 <u>일기</u>예보를 보았습니다. .... [ ]

07 다음 漢字한자의 색이 다른 획은 몇 번째 쓰는지 |보기|에서 찾아 그 번호를 쓰세요. 59~60번

|보기|

①첫 번째 ②두 번째 ③세 번째
④네 번째 ⑤다섯 번째

59 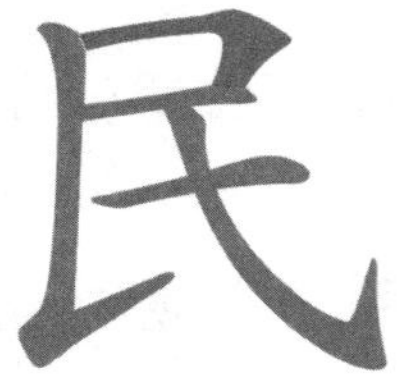 .... [ ]

60  .... [ ]

03회 한자능력검정시험 7급Ⅱ 예상문제

(사) 한국어문회 주관	
합격문항	42문항
시험시간	50분
정 답	108쪽

01 다음 밑줄 친 漢字語한자어의 音(음 : 소리)을 쓰세요. 01~22번

| 보기 |

二十 – [이십]

01 출입문이 自動으로 열렸습니다. .... [ ]

02 날씨가 추워져 화분을 室內에 들여놓았다. .... [ ]

03 외국인들이 韓國 음식을 즐겨 먹습니다. .... [ ]

04 코끼리 무리가 車道를 가로 건넙니다. .... [ ]

05 자신의 姓名을 한자로 적었습니다. .... [ ]

06 명절을 맞이하여 先山으로 성묘를 갔습니다. .... [ ]

07 각지에서 民間단체의 구호품이 줄을 이었다. .... [ ]

08 식사를 마친 母子는 한참 이야기를 나누었다. .... [ ]

09 後食으로 수박을 먹었습니다. .... [ ]

10 방안에는 훈훈한 火氣가 감돌았다. .... [ ]

11 간호사는 每時 혈압을 쟀습니다. .... [ ]

12 예부터 長兄은 부모와 같다고 했습니다. .... [ ]

13 대원들 모두 活力이 넘쳤습니다. .... [ ]

14 장마철 홍수 대비에 萬全을 기하였다. .... [ ]

15 그는 험한 世事에 시달리며 살았습니다. .... [ ]

16 사람들은 자유가 있는 西方 세계를 그리워하였다. .... [ ]

17 중요한 내용은 책의 空白에 기록하였습니다. .... [ ]

18 원주민들이 직접 만든 手工 제품이 많았다. .... [ ]

19 가깝게 지내던 이웃 四寸이 이사를 갔다. .... [ ]

20 태풍이 北上하면서 많은 비를 뿌렸다. .... [ ]

21 전기자동차를 海外로 수출하였다. .... [ ]

22 군인들은 直立 자세로 서 있었습니다. .... [ ]

02 다음 밑줄 친 漢字語한자어의 뜻을 쓰세요. 23~24번

23 오늘은 동생과 같이 下校를 하였습니다.
: [ ]

24 친구는 不平이 이만저만이 아니었습니다.
: [ ]

03 다음 |보기|와 같이 漢字의 訓훈과 音음을 쓰세요. 25~44번

|보기|

二 - [두 이]

25 教 [ ] 26 東 [ ]

27 足 [ ] 28 電 [ ]

29 土 [ ] 30 前 [ ]

31 話 [ ] 32 九 [ ]

33 金 [ ] 34 正 [ ]

35 孝 [ ] 36 年 [ ]

37 弟 [ ] 38 中 [ ]

39 六 [ ] 40 記 [ ]

41 王 [ ] 42 月 [ ]

43 水 [ ] 44 漢 [ ]

04 다음 훈(訓 : 뜻)과 음(音 : 소리)에 맞는 한자漢字를 |보기|에서 골라 그 번호를 쓰세요. 45~54번

|보기|

① 農	② 南	③ 學	④ 午	⑤ 日
⑥ 青	⑦ 市	⑧ 五	⑨ 安	⑩ 家

45 집 가 [ ] 46 다섯 오 [ ]

47 농사 농 [ ] 48 배울 학 [ ]

49 날 일 [ ] 50 저자 시 [ ]

51 푸를 청 [ ] 52 낮 오 [ ]

53 편안 안 [ ] 54 남녘 남 [ ]

05 뜻이 서로 반대되는 글자를 |보기|에서 골라 그 번호를 쓰세요. 55~56번

|보기|

① 答 ② 足 ③ 女 ④ 子

55 男 ↔ [ ] 56 手 ↔ [ ]

06 다음 밑줄 친 단어의 漢字語한자어를 |보기|에서 골라 그 번호를 쓰세요. 57~58번

|보기|

① 活後 ② 生後 ③ 全動 ④ 電動

57 모형 자동차에 <u>전동</u> 모터를 달았습니다.

.... [ ]

58 어린이집에서 <u>생후</u> 1년부터 만 4세까지의 어린아이를 모집합니다.

.... [ ]

07 다음 漢字한자의 색이 다른 획은 몇 번째 쓰는지 [보기]에서 찾아 그 번호를 쓰세요. 59~60번

|보기|

① 첫 번째 ② 두 번째 ③ 세 번째
④ 네 번째 ⑤ 다섯 번째 ⑥ 여섯 번째

59  .... [ ]

60  .... [ ]

04회 한자능력검정시험 7급Ⅱ 예상문제

(사) 한국어문회 주관	
합격문항	42문항
시험시간	50분
정 답	109쪽

01 다음 밑줄 친 漢字語한자어의 音(음 : 소리)을 쓰세요. 01~22번

| 보기 |
三十 - [삼십]

01 그곳은 年中 기후가 온화합니다. [ ]

02 3번 타자가 場外 홈런을 쳤습니다. [ ]

03 그는 많은 手下를 거느리고 있었습니다. [ ]

04 친구에게 電話로 소식을 전하였습니다. [ ]

05 양심은 萬金을 준다 해도 버릴 수 없습니다. [ ]

06 꿈속에서 별나라 王子가 되었습니다. [ ]

07 아이들이 敎室 밖으로 빠져나갔습니다. [ ]

08 두 사람은 六寸 간입니다. [ ]

09 학교에서는 매년 十月에 백일장을 엽니다. [ ]

10 안개는 海上 교통에 불편을 줍니다. [ ]

11 우리 고장은 家內공업이 활발합니다. [ ]

12 세계力道대회에서 금메달을 땄습니다. [ ]

13 신문에 월드컵에 관한 記事가 실렸습니다. [ ]

14 식물人間이 기적적으로 깨어났습니다. [ ]

15 친구들과 놀러 가는 것을 後日로 미뤘습니다. [ ]

16 그는 不正한 행위를 반성했습니다. [ ]

17 조선 시대의 양반은 平民에게 반말을 하였습니다. [ ]

18 야생동물의 生活을 관찰하였습니다. [ ]

19 논에 水車로 물을 대었습니다. [ ]

20 서울을 되찾은 國軍은 승리의 깃발을 흔들었다. [ ]

21 "그것이 名答일세!" [ ]

22 소나무는 四時에 푸른 가지를 드리웁니다. [ ]

02 다음 漢字語한자어의 뜻을 쓰세요. 23~24번

23 母女 : [ ]

24 自足 : [ ]

03 다음 |보기|와 같이 漢字의 訓훈과 音음을 쓰세요. 25~44번

|보기|

三 – [석 삼]

25 每 [ ] 26 小 [ ]

27 姓 [ ] 28 方 [ ]

29 物 [ ] 30 五 [ ]

31 空 [ ] 32 七 [ ]

33 靑 [ ] 34 木 [ ]

35 白 [ ] 36 左 [ ]

37 午 [ ] 38 西 [ ]

39 立 [ ] 40 市 [ ]

41 動 [ ] 42 右 [ ]

43 韓 [ ] 44 東 [ ]

04 다음 훈(訓 : 뜻)과 음(音 : 소리)에 맞는 한자漢字를 |보기|에서 골라 그 번호를 쓰세요. 45~54번

|보기|

① 工 ② 先 ③ 海 ④ 電 ⑤ 世
⑥ 直 ⑦ 間 ⑧ 北 ⑨ 室 ⑩ 氣

45 사이 간 [ ] 46 기운 기 [ ]

47 번개 전 [ ] 48 장인 공 [ ]

49 집 실 [ ] 50 곧을 직 [ ]

51 먼저 선 [ ] 52 북녘 북 [ ]

53 인간 세 [ ] 54 바다 해 [ ]

05 뜻이 서로 반대되는 한자를 |보기|에서 골라 그 번호를 쓰세요. 55~56번

|보기|

① 外 ② 山 ③ 下 ④ 八

55 上 ↔ [ ] 56 內 ↔ [ ]

06 다음 밑줄 친 단어의 漢字語한자어를 |보기|에서 골라 그 번호를 쓰세요. 57~58번

|보기|

① 市場 ② 市長 ③ 安全 ④ 安前

57 우리 지역의 <u>시장</u> 선거에 10명의 후보자가 나왔습니다. …… [ ]

58 교통질서를 잘 지켜 <u>안전</u>하게 다녀야 합니다. …………………… [ ]

07 다음 漢字한자의 색이 다른 획은 몇 번째 쓰는지 |보기|에서 찾아 그 번호를 쓰세요. 59~60번

|보기|

① 첫 번째 ② 두 번째 ③ 세 번째
④ 네 번째 ⑤ 다섯 번째 ⑥ 여섯 번째
⑦ 일곱 번째

59  ………. [ ]

60  ………. [ ]

(사) 한국어문회 주관		
합격문항	42문항	
시험시간	50분	
정 답	111쪽	

05회 한자능력검정시험 7급Ⅱ 예상문제

01 다음 밑줄 친 말의 뜻과 같은 한자어를 |보기|에서 골라 그 번호를 쓰세요. 01~10번

|보기|

① 全力 ② 每年 ③ 子女 ④ 左手
⑤ 每日 ⑥ 生日 ⑦ 東海 ⑧ 家事
⑨ 正午 ⑩ 正答

01 농촌 인구가 한 해 한 해 줄고 있다. ……………… [ ]

02 어머니는 온종일 집안일을 하신다. ……………… [ ]

03 시험을 마치고 옳은 답을 맞춰보았다. ……………… [ ]

04 가족 모두 동생의 태어난 날을 축하하였다. ……………… [ ]

05 우리 누나는 왼손잡이이다. ……………… [ ]

06 아이들은 날마다 도서관에 갔습니다. ……………… [ ]

07 외지에 나가 있는 아들딸이 편지를 보내왔다. ……………… [ ]

08 일어나보니 낮 열두 시에 가까운 시간이었다. ……………… [ ]

09 해가 동쪽바다에서 솟아오릅니다. ……………… [ ]

10 우리 팀은 경기에서 온 힘을 다해 뛰었다. ……………… [ ]

02 다음 |보기|와 같이 밑줄 친 한자말의 독음讀音을 쓰세요. 11~22번

|보기|

漢水 – [한수]

11 시골 친구는 門間방에서 살고 있었습니다. ……………… [ ]

12 여행하며 경험했던 일을 日記로 썼다. ……………… [ ]

13 오늘은 3校時 수업을 마치고 하교하였다. ……………… [ ]

14 선생님과 학생은 서로 教學하며 성장한다. ……………… [ ]

15 北韓은 축구경기에 응원단을 보내왔다. ……………… [ ]

16 우리 가락을 연주하는 四物놀이 공연이 흥겨웠다. ……………… [ ]

17 모형비행기 대회가 空軍 부대에서 열렸다. ……………… [ ]

18 한눈을 파는 사이에 先手를 빼앗기고 말았다. ……………… [ ]

19 "金兄, 오랜만입니다." · [ ]

20 교통질서를 잘 지켜야 安全하게 갈 수 있다. ……………… [ ]

21 내 친구 진영이는 저녁마다 검도 道場에서 운동을 한다. ……………… [ ]

22 놀란 그녀의 얼굴이 빨갛게 上氣되었다. ……………… [ ]

03 다음 밑줄 친 漢字語한자어의 뜻을 쓰세요. 23~24번

23 마을 입구에서 <u>下車</u>하였습니다.
: [ ]

24 운이 좋아서인지 <u>萬事</u>가 잘 풀립니다.
: [ ]

04 다음 |보기|와 같이 한자의 훈訓과 음音을 쓰세요. 25~40번

|보기|

音 – [소리 음]

25 方 [ ] 26 動 [ ]
27 平 [ ] 28 室 [ ]
29 外 [ ] 30 內 [ ]
31 姓 [ ] 32 中 [ ]
33 白 [ ] 34 木 [ ]
35 立 [ ] 36 活 [ ]
37 自 [ ] 38 月 [ ]
39 火 [ ] 40 西 [ ]

05 다음 훈(訓 : 뜻)과 음(音 : 소리)에 맞는 한자漢字를 |보기|에서 골라 그 번호를 쓰세요. 41~54번

|보기|

① 名	② 電	③ 五	④ 王	⑤ 寸
⑥ 話	⑦ 九	⑧ 孝	⑨ 右	⑩ 弟
⑪ 男	⑫ 小	⑬ 市	⑭ 直	⑮ 工

41 말씀 화 [ ] 42 효도 효 [ ]
43 임금 왕 [ ] 44 번개 전 [ ]
45 아홉 구 [ ] 46 곧을 직 [ ]
47 이름 명 [ ] 48 아우 제 [ ]
49 마디 촌 [ ] 50 작을 소 [ ]
51 장인 공 [ ] 52 다섯 오 [ ]
53 저자 시 [ ] 54 사내 남 [ ]

06 뜻이 서로 반대되는 한자를 |보기|에서 골라 그 번호를 쓰세요. 55~56번

|보기|

① 後 ② 北 ③ 山 ④ 方

55 南 ↔ [ ] 56 前 ↔ [ ]

07 다음 뜻에 알맞은 한자어漢字語를 |보기|에서 골라 그 번호를 쓰세요. 57~58번

|보기|

① 八日 ② 六日 ③ 三日 ④ 七日

57 엿새 …………………… [ ]
58 사흘 …………………… [ ]

08 다음 漢字한자의 색이 다른 획은 몇 번째 쓰는지 |보기|에서 찾아 그 번호를 쓰세요. 59~60번

|보기|

① 첫 번째	② 두 번째	③ 세 번째
④ 네 번째	⑤ 다섯 번째	⑥ 여섯 번째
⑦ 일곱 번째	⑧ 여덟 번째	⑨ 아홉 번째

59  ………. [ ]

60  ………. [ ]

수험번호 □□□-□□-□□□□□ 성명 □□□□□

생년월일 □□□□□□ ※ 주민등록번호 앞 6자리 숫자를 기입하십시오.

※ 성명은 한글로 작성
※ 필기구는 검정색 볼펜만 가능

※ 답안지는 컴퓨터로 처리되므로 구기거나 더럽히지 마시고, 정답 칸 안에만 쓰십시오.
글씨가 채점란으로 들어오면 오답처리가 됩니다.

전국한자능력검정시험 7급Ⅱ 답안지(1) (시험시간:50분)

답안란		채점란		답안란		채점란		답안란		채점란	
번호	정답	1검	2검	번호	정답	1검	2검	번호	정답	1검	2검
1				10				19			
2				11				20			
3				12				21			
4				13				22			
5				14				23			
6				15				24			
7				16				25			
8				17				26			
9				18				27			

감독위원	채점위원(1)		채점위원(2)		채점위원(3)	
(서명)	(득점)	(서명)	(득점)	(서명)	(득점)	(서명)

※뒷면으로 이어짐

※ 답안지는 컴퓨터로 처리되므로 구기거나 더럽히지 마시고, 정답 칸 안에만 쓰십시오. 글씨가 채점란으로 들어오면 오답처리가 됩니다.

전국한자능력검정시험 7급Ⅱ 답안지(2)

답안란		채점란		답안란		채점란		답안란		채점란	
번호	정답	1검	2검	번호	정답	1검	2검	번호	정답	1검	2검
28				39				50			
29				40				51			
30				41				52			
31				42				53			
32				43				54			
33				44				55			
34				45				56			
35				46				57			
36				47				58			
37				48				59			
38				49				60			

■ ■

■ 사단법인 한국어문회 7 2 1 ■

수험번호 □□□-□□-□□□□□ 성명 □□□□□

생년월일 □□□□□□ ※ 주민등록번호 앞 6자리 숫자를 기입하십시오.

※ 성명은 한글로 작성
※ 필기구는 검정색 볼펜만 가능

※ 답안지는 컴퓨터로 처리되므로 구기거나 더럽히지 마시고, 정답 칸 안에만 쓰십시오.
글씨가 채점란으로 들어오면 오답처리가 됩니다.

전국한자능력검정시험 7급Ⅱ 답안지(1) (시험시간:50분)

답안란		채점란		답안란		채점란		답안란		채점란	
번호	정답	1검	2검	번호	정답	1검	2검	번호	정답	1검	2검
1				10				19			
2				11				20			
3				12				21			
4				13				22			
5				14				23			
6				15				24			
7				16				25			
8				17				26			
9				18				27			

감독위원	채점위원(1)		채점위원(2)		채점위원(3)	
(서명)	(득점)	(서명)	(득점)	(서명)	(득점)	(서명)

※뒷면으로 이어짐

※ 답안지는 컴퓨터로 처리되므로 구기거나 더럽히지 마시고, 정답 칸 안에만 쓰십시오. 글씨가 채점란으로 들어오면 오답처리가 됩니다.

전국한자능력검정시험 7급Ⅱ 답안지(2)

답안란		채점란		답안란		채점란		답안란		채점란	
번호	정답	1검	2검	번호	정답	1검	2검	번호	정답	1검	2검
28				39				50			
29				40				51			
30				41				52			
31				42				53			
32				43				54			
33				44				55			
34				45				56			
35				46				57			
36				47				58			
37				48				59			
38				49				60			

■ 사단법인 한국어문회 ■

7 2 1

수험번호 □□□-□□-□□□□□ 성명 □□□□□

생년월일 □□□□□□ ※ 주민등록번호 앞 6자리 숫자를 기입하십시오.

※ 성명은 한글로 작성
※ 필기구는 검정색 볼펜만 가능

※ 답안지는 컴퓨터로 처리되므로 구기거나 더럽히지 마시고, 정답 칸 안에만 쓰십시오.
글씨가 채점란으로 들어오면 오답처리가 됩니다.

전국한자능력검정시험 7급Ⅱ 답안지(1) (시험시간:50분)

답안란		채점란		답안란		채점란		답안란		채점란	
번호	정답	1검	2검	번호	정답	1검	2검	번호	정답	1검	2검
1				10				19			
2				11				20			
3				12				21			
4				13				22			
5				14				23			
6				15				24			
7				16				25			
8				17				26			
9				18				27			

감독위원	채점위원(1)		채점위원(2)		채점위원(3)	
(서명)	(득점)	(서명)	(득점)	(서명)	(득점)	(서명)

※뒷면으로 이어짐

※ 답안지는 컴퓨터로 처리되므로 구기거나 더럽히지 마시고, 정답 칸 안에만 쓰십시오. 글씨가 채점란으로 들어오면 오답처리가 됩니다.

전국한자능력검정시험 7급Ⅱ 답안지(2)

답안란		채점란		답안란		채점란		답안란		채점란	
번호	정답	1검	2검	번호	정답	1검	2검	번호	정답	1검	2검
28				39				50			
29				40				51			
30				41				52			
31				42				53			
32				43				54			
33				44				55			
34				45				56			
35				46				57			
36				47				58			
37				48				59			
38				49				60			

■ ■

■ 사단법인 한국어문회 | 7 2 1 ■

수험번호 □□□-□□-□□□□ 성명 □□□□□

생년월일 □□□□□□ ※ 주민등록번호 앞 6자리 숫자를 기입하십시오.

※ 성명은 한글로 작성
※ 필기구는 검정색 볼펜만 가능

※ 답안지는 컴퓨터로 처리되므로 구기거나 더럽히지 마시고, 정답 칸 안에만 쓰십시오.
글씨가 채점란으로 들어오면 오답처리가 됩니다.

전국한자능력검정시험 7급Ⅱ 답안지(1) (시험시간:50분)

답안란		채점란		답안란		채점란		답안란		채점란	
번호	정답	1검	2검	번호	정답	1검	2검	번호	정답	1검	2검
1				10				19			
2				11				20			
3				12				21			
4				13				22			
5				14				23			
6				15				24			
7				16				25			
8				17				26			
9				18				27			

감독위원	채점위원(1)		채점위원(2)		채점위원(3)	
(서명)	(득점)	(서명)	(득점)	(서명)	(득점)	(서명)

※뒷면으로 이어짐

※ 답안지는 컴퓨터로 처리되므로 구기거나 더럽히지 마시고, 정답 칸 안에만 쓰십시오. 글씨가 채점란으로 들어오면 오답처리가 됩니다.

전국한자능력검정시험 7급Ⅱ 답안지(2)

답안란		채점란		답안란		채점란		답안란		채점란	
번호	정답	1검	2검	번호	정답	1검	2검	번호	정답	1검	2검
28				39				50			
29				40				51			
30				41				52			
31				42				53			
32				43				54			
33				44				55			
34				45				56			
35				46				57			
36				47				58			
37				48				59			
38				49				60			

■ 사단법인 한국어문회 721 ■

수험번호 □□□-□□-□□□□□ 성명 □□□□□

생년월일 □□□□□□ ※ 주민등록번호 앞 6자리 숫자를 기입하십시오. ※ 성명은 한글로 작성
※ 필기구는 검정색 볼펜만 가능

※ 답안지는 컴퓨터로 처리되므로 구기거나 더럽히지 마시고, 정답 칸 안에만 쓰십시오.
글씨가 채점란으로 들어오면 오답처리가 됩니다.

전국한자능력검정시험 7급Ⅱ 답안지(1) (시험시간:50분)

답안란		채점란		답안란		채점란		답안란		채점란	
번호	정답	1검	2검	번호	정답	1검	2검	번호	정답	1검	2검
1				10				19			
2				11				20			
3				12				21			
4				13				22			
5				14				23			
6				15				24			
7				16				25			
8				17				26			
9				18				27			

감독위원	채점위원(1)		채점위원(2)		채점위원(3)	
(서명)	(득점)	(서명)	(득점)	(서명)	(득점)	(서명)

■ ※뒷면으로 이어짐 ■

※ 답안지는 컴퓨터로 처리되므로 구기거나 더럽히지 마시고, 정답 칸 안에만 쓰십시오. 글씨가 채점란으로 들어오면 오답처리가 됩니다.

전국한자능력검정시험 7급Ⅱ 답안지(2)

답안란		채점란		답안란		채점란		답안란		채점란	
번호	정답	1검	2검	번호	정답	1검	2검	번호	정답	1검	2검
28				39				50			
29				40				51			
30				41				52			
31				42				53			
32				43				54			
33				44				55			
34				45				56			
35				46				57			
36				47				58			
37				48				59			
38				49				60			

■ 사단법인 한국어문회 721 ■

수험번호 □□□-□□-□□□□□ 성명 □□□□□

생년월일 □□□□□□ ※ 주민등록번호 앞 6자리 숫자를 기입하십시오. ※ 성명은 한글로 작성
※ 필기구는 검정색 볼펜만 가능

※ 답안지는 컴퓨터로 처리되므로 구기거나 더럽히지 마시고, 정답 칸 안에만 쓰십시오.
글씨가 채점란으로 들어오면 오답처리가 됩니다.

전국한자능력검정시험 7급Ⅱ 답안지(1) (시험시간:50분)

답안란		채점란		답안란		채점란		답안란		채점란	
번호	정답	1검	2검	번호	정답	1검	2검	번호	정답	1검	2검
1				10				19			
2				11				20			
3				12				21			
4				13				22			
5				14				23			
6				15				24			
7				16				25			
8				17				26			
9				18				27			

감독위원	채점위원(1)		채점위원(2)		채점위원(3)	
(서명)	(득점)	(서명)	(득점)	(서명)	(득점)	(서명)

■ ※뒷면으로 이어짐 ■

※ 답안지는 컴퓨터로 처리되므로 구기거나 더럽히지 마시고, 정답 칸 안에만 쓰십시오. 글씨가 채점란으로 들어오면 오답처리가 됩니다.

전국한자능력검정시험 7급Ⅱ 답안지(2)

답안란		채점란		답안란		채점란		답안란		채점란	
번호	정답	1검	2검	번호	정답	1검	2검	번호	정답	1검	2검
28				39				50			
29				40				51			
30				41				52			
31				42				53			
32				43				54			
33				44				55			
34				45				56			
35				46				57			
36				47				58			
37				48				59			
38				49				60			

수험번호 □□□-□□-□□□□□ 성명 □□□□□

생년월일 □□□□□□ ※ 주민등록번호 앞 6자리 숫자를 기입하십시오.

※ 성명은 한글로 작성
※ 필기구는 검정색 볼펜만 가능

※ 답안지는 컴퓨터로 처리되므로 구기거나 더럽히지 마시고, 정답 칸 안에만 쓰십시오.
글씨가 채점란으로 들어오면 오답처리가 됩니다.

전국한자능력검정시험 7급Ⅱ 답안지(1) (시험시간:50분)

답안란		채점란		답안란		채점란		답안란		채점란	
번호	정답	1검	2검	번호	정답	1검	2검	번호	정답	1검	2검
1				10				19			
2				11				20			
3				12				21			
4				13				22			
5				14				23			
6				15				24			
7				16				25			
8				17				26			
9				18				27			

감독위원	채점위원(1)		채점위원(2)		채점위원(3)	
(서명)	(득점)	(서명)	(득점)	(서명)	(득점)	(서명)

※뒷면으로 이어짐

※ 답안지는 컴퓨터로 처리되므로 구기거나 더럽히지 마시고, 정답 칸 안에만 쓰십시오. 글씨가 채점란으로 들어오면 오답처리가 됩니다.

전국한자능력검정시험 7급Ⅱ 답안지(2)

답안란		채점란		답안란		채점란		답안란		채점란	
번호	정답	1검	2검	번호	정답	1검	2검	번호	정답	1검	2검
28				39				50			
29				40				51			
30				41				52			
31				42				53			
32				43				54			
33				44				55			
34				45				56			
35				46				57			
36				47				58			
37				48				59			
38				49				60			

■ ■

■ 사단법인 한국어문회 | 7 2 1 ■

수험번호 □□□-□□-□□□□□ 성명 □□□□□

생년월일 □□□□□□ ※ 주민등록번호 앞 6자리 숫자를 기입하십시오. ※ 성명은 한글로 작성 ※ 필기구는 검정색 볼펜만 가능

※ 답안지는 컴퓨터로 처리되므로 구기거나 더럽히지 마시고, 정답 칸 안에만 쓰십시오. 글씨가 채점란으로 들어오면 오답처리가 됩니다.

전국한자능력검정시험 7급Ⅱ 답안지(1) (시험시간:50분)

답안란		채점란		답안란		채점란		답안란		채점란	
번호	정답	1검	2검	번호	정답	1검	2검	번호	정답	1검	2검
1				10				19			
2				11				20			
3				12				21			
4				13				22			
5				14				23			
6				15				24			
7				16				25			
8				17				26			
9				18				27			

감독위원	채점위원(1)		채점위원(2)		채점위원(3)	
(서명)	(득점)	(서명)	(득점)	(서명)	(득점)	(서명)

※뒷면으로 이어짐

※ 답안지는 컴퓨터로 처리되므로 구기거나 더럽히지 마시고, 정답 칸 안에만 쓰십시오. 글씨가 채점란으로 들어오면 오답처리가 됩니다.

전국한자능력검정시험 7급Ⅱ 답안지(2)

답안란		채점란		답안란		채점란		답안란		채점란	
번호	정답	1검	2검	번호	정답	1검	2검	번호	정답	1검	2검
28				39				50			
29				40				51			
30				41				52			
31				42				53			
32				43				54			
33				44				55			
34				45				56			
35				46				57			
36				47				58			
37				48				59			
38				49				60			

01회 한자능력검정시험 7급Ⅱ 기출·예상문제

(사) 한국어문회 주관	
합격문항	42문항
시험시간	50분
정 답	113쪽

01 다음 밑줄 친 漢字語한자어의 音(음 : 소리)을 쓰세요. 01~22번

| 보기 |

漢字 → [한자]

01 간단히 <u>食事</u>를 마치고 길을 나섰습니다. ………………………… [ ]

02 운동회 날이라 학교에 <u>活力</u>이 넘쳐 보입니다. ………………………… [ ]

03 여행길에 <u>西海</u>에서 해가 지는 광경을 보았습니다. ………………………… [ ]

04 동생과 함께 <u>每日</u> 아침 운동을 합니다. ………………………… [ ]

05 기차는 <u>時間</u>에 맞게 목적지에 도착하였습니다. ………………………… [ ]

06 자전거가 다닐 수 있는 길은 <u>車道</u>와 구별되어 있습니다. ………… [ ]

07 그는 <u>平生</u>을 절약하여 큰돈을 모았습니다. ………………………… [ ]

08 학생들은 <u>校長</u> 선생님의 말씀에 귀를 기울였습니다. ………… [ ]

09 형제는 늙으신 <u>父母</u>님을 보살펴 드렸습니다. ………………………… [ ]

10 우리 기술진이 직접 <u>國內</u>에서 인공위성을 만들었습니다. ………… [ ]

11 문제의 <u>正答</u>을 맞히고 좋아하였습니다. ………………………… [ ]

12 비가 내린 뒤에 <u>空氣</u>가 깨끗해졌습니다. ………………………… [ ]

13 병든 아버지를 돌보는 <u>孝女</u>에게 상을 내렸습니다. ………………………… [ ]

14 형은 어려서부터 관심이 많았던 <u>工大</u>에 입학했습니다. ………… [ ]

15 땅 위에 사는 <u>動物</u>에게는 아가미가 없습니다. ………………………… [ ]

16 청각 장애인을 위해 <u>手話</u> 방송을 하였습니다. ………………………… [ ]

17 건물을 나와 <u>後門</u>쪽으로 걸어갔습니다. ………………………… [ ]

18 눈이 예쁘게 생긴 <u>男子</u>아이가 전학을 왔습니다. ………………………… [ ]

19 버스를 타고 <u>市外</u>로 나가니 공기가 맑게 느껴졌습니다. ………… [ ]

20 음식 찌꺼기를 거름으로 이용하는 <u>農家</u>가 많아졌습니다. ………… [ ]

21 군인들이 꼿꼿이 <u>直立</u>한 자세로 있습니다. ………………………… [ ]

22 우리팀이 <u>前年</u>에 이어 올해에도 우승을 하였습니다. ………… [ ]

02 다음 漢字한자의 訓(훈 : 뜻)과 音(음 : 소리)을 쓰세요. 23~42번

| 보기 |

字 → [글자 자]

23 靑 [ ] 24 人 [ ]

25 記 [ ] 26 八 [ ]

27 江 [ ] 28 小 [ ]

29 民 [ ] 30 電 [ ]

31 自 [ ] 32 姓 [ ]

33 先 [ ] 34 弟 [ ]

35 學 [ ] 36 王 [ ]

37 萬 [ ] 38 木 [ ]

39 中 [ ] 40 上 [ ]

41 場 [ ] 42 三 [ ]

03 다음 밑줄 친 漢字語한자어의 漢字한자를 |보기|에서 골라 그 번호를 쓰세요. 43~44번

|보기|

① 安全 ② 四寸 ③ 敎室 ④ 下午

43 수업을 마치자 아이들은 **<u>교실</u>**이 떠나가게 떠들었습니다. ·········· [ ]

44 강물이 불어나자 주민들을 **<u>안전</u>**지대로 대피시켰습니다. ·········· [ ]

04 다음 訓(훈 : 뜻)과 音(음 : 소리)에 맞는 漢字한자를 |보기|에서 골라 그 번호를 쓰세요. 45~54번

|보기|

① 金 ② 白 ③ 世 ④ 不 ⑤ 土
⑥ 左 ⑦ 六 ⑧ 九 ⑨ 兄 ⑩ 足

45 형 형 [ ] 46 쇠 금 [ ]

47 흙 토 [ ] 48 왼 좌 [ ]

49 발 족 [ ] 50 인간 세 [ ]

51 아닐 불 [ ] 52 여섯 륙 [ ]

53 흰 백 [ ] 54 아홉 구 [ ]

05 다음 漢字한자의 상대 또는 반대되는 漢字한자를 |보기|에서 골라 그 번호를 쓰세요. 55~56번

|보기|

① 月 ② 韓 ③ 北 ④ 火

55 南 ↔ [ ] 56 水 ↔ [ ]

06 다음 漢字語한자어의 뜻을 쓰세요. 57~58번

57 右方 : [ ]

58 名山 : [ ]

07 다음 漢字한자의 색이 다른 획은 몇 번째 쓰는지 |보기|에서 찾아 그 번호를 쓰세요. 59~60번

|보기|

① 네 번째 ② 다섯 번째 ③ 여섯 번째
④ 일곱 번째 ⑤ 여덟 번째 ⑥ 아홉 번째
⑦ 열 번째

59  ·········· [ ]

60  ·········· [ ]

02회 한자능력검정시험 7급Ⅱ 기출·예상문제

(사) 한국어문회 주관	
합격문항	42문항
시험시간	50분
정 답	114쪽

01 다음 밑줄 친 漢字語한자어의 音(음 : 소리)을 쓰세요. 01~22번

| 보기 |

漢字 → [한자]

01 動物의 세계를 다룬 다큐멘터리를 보았습니다. ………………… [ ]

02 잠잠하던 火山이 다시 활동을 시작하였습니다. ………………… [ ]

03 "가족의 姓名을 한자로 쓸 수 있습니까?" ………………… [ ]

04 방학 동안 生活 계획표를 짰습니다. ………………… [ ]

05 수많은 平民들이 나라를 위해 몸을 바쳤습니다. ………………… [ ]

06 은선이는 가난하지만 正直하게 살려고 노력하였습니다. ………………… [ ]

07 저수지의 水門을 열어 논에 물을 대었습니다. ………………… [ ]

08 범인은 눈물을 흘리며 自白을 하였습니다. ………………… [ ]

09 우리나라 축구 國家 대표팀이 원정을 떠났습니다. ………………… [ ]

10 母子는 한동안 말없이 바라만 봤습니다. ………………… [ ]

11 每事에 집중하는 모습이 놀랍습니다. ………………… [ ]

12 나사못의 大小를 구별해서 정리하였습니다. ………………… [ ]

13 도로가 南北으로 길게 뻗어 있습니다. ………………… [ ]

14 오랜만에 친구에게 電話를 걸었습니다. ………………… [ ]

15 시험 시간이 다가오자 마음이 不安해졌습니다. ………………… [ ]

16 校長선생님은 우리말 공부를 강조하셨습니다. ………………… [ ]

17 어머니 심부름으로 市場에 다녀왔습니다. ………………… [ ]

18 현진이는 사차원의 時空세계를 만화로 그렸습니다. ………………… [ ]

19 일이 벌어진 前後 사정을 알아보았습니다. ………………… [ ]

20 한 달 동안 사용료는 六萬 원입니다. ………………… [ ]

21 오랜만에 다섯 兄弟가 한자리에 모였습니다. ………………… [ ]

22 할아버지는 年金을 받아서 생활합니다. ………………… [ ]

02 다음 漢字한자의 訓(훈 : 뜻)과 音(음 : 소리)을 쓰세요. 23~42번

| 보기 |

字 → [글자 자]

23 青 [ ] 24 內 [ ]
25 力 [ ] 26 寸 [ ]
27 人 [ ] 28 江 [ ]
29 記 [ ] 30 軍 [ ]
31 世 [ ] 32 學 [ ]
33 九 [ ] 34 答 [ ]
35 韓 [ ] 36 海 [ ]
37 十 [ ] 38 木 [ ]
39 西 [ ] 40 全 [ ]
41 道 [ ] 42 工 [ ]

03 다음 밑줄 친 단어에 맞는 漢字語한자어를 |보기|에서 골라 그 번호를 쓰세요. 43~44번

|보기|
① 水中 ② 手中 ③ 男女 ④ 南女

43 두 팀 모두 <u>남녀</u>가 섞여있습니다. .... [ ]

44 그의 <u>수중</u>에는 돈 한 푼 없었습니다. .... [ ]

04 다음 訓(훈 : 뜻)과 音(음 : 소리)에 맞는 漢字한자를 |보기|에서 골라 그 번호를 쓰세요. 45~54번

|보기|
① 足 ② 立 ③ 教 ④ 室 ⑤ 氣
⑥ 東 ⑦ 午 ⑧ 孝 ⑨ 農 ⑩ 先

45 기운 기 [ ] 46 가르칠 교 [ ]
47 동녘 동 [ ] 48 농사 농 [ ]
49 설 립 [ ] 50 발 족 [ ]
51 집 실 [ ] 52 먼저 선 [ ]
53 낮 오 [ ] 54 효도 효 [ ]

05 다음 漢字한자의 상대 또는 반대되는 漢字한자를 |보기|에서 골라 그 번호를 쓰세요. 55~56번

|보기|
① 外 ② 父 ③ 上 ④ 左

55 [ ] ↔ 右 56 [ ] ↔ 母

06 다음 밑줄 친 漢字語한자어의 뜻을 쓰세요. 57~58번

57 휴식 시간에 <u>間食</u>을 먹었습니다.
: [ ]

58 폭죽이 터지자 불꽃이 <u>四方</u>으로 퍼졌습니다.
: [ ]

07 다음 漢字한자의 색이 다른 획은 몇 번째 쓰는지 |보기|에서 찾아 그 번호를 쓰세요. 59~60번

|보기|
① 첫 번째 ② 두 번째 ③ 세 번째
④ 네 번째 ⑤ 다섯 번째 ⑥ 여섯 번째
⑦ 일곱 번째 ⑧ 여덟 번째 ⑨ 아홉 번째
⑩ 열 번째 ⑪ 열한 번째 ⑫ 열두 번째

59  .... [ ]

60  .... [ ]

03회 한자능력검정시험 7급Ⅱ 기출·예상문제

(사) 한국어문회 주관	
합격문항	42문항
시험시간	50분
정 답	116쪽

01 다음 밑줄 친 漢字語한자어의 音(음 : 소리)을 쓰세요. 01~22번

| 보기 |

漢字 → [한자]

01 가을운동회에서 <u>靑軍</u>이 이겼습니다. ……………… [ ]

02 아버지는 <u>三寸</u>과 바둑을 두었습니다. ……………… [ ]

03 방학 동안 <u>海外</u>여행을 다녀왔습니다. ……………… [ ]

04 대학생 언니, 오빠들이 우리 마을에서 <u>農活</u>을 합니다. ……………… [ ]

05 가구공장에서 <u>木工</u>기술을 배웠습니다. ……………… [ ]

06 누나는 <u>白金</u> 목걸이를 선물 받았습니다. ……………… [ ]

07 어머니는 <u>每日</u> 새로운 식단을 마련합니다. ……………… [ ]

08 캠프장에서 <u>自家</u> 발전기를 돌렸습니다. ……………… [ ]

09 사고에 대한 <u>年間</u> 사상자가 늘고 있습니다. ……………… [ ]

10 기상악화로 비행기가 <u>不時</u>착륙 하였습니다. ……………… [ ]

11 경찰은 국민의 <u>安全</u>과 재산을 보호해야 할 의무가 있습니다. ……………… [ ]

12 따뜻한 국물을 마시니 몸에 <u>生氣</u>가 돕니다. ……………… [ ]

13 높은 곳에 올라 <u>四方</u>을 살펴보았습니다. ……………… [ ]

14 이 물건은 속도가 빠르고 <u>電力</u> 소비가 적습니다. ……………… [ ]

15 선수들이 <u>空中</u>회전을 선보였습니다. ……………… [ ]

16 주말에는 <u>漢江</u> 둔치에서 운동을 합니다. ……………… [ ]

17 신문에 우리 학교 <u>記事</u>가 실렸습니다. ……………… [ ]

18 그 지방의 <u>名物</u>을 소개하였습니다. ……………… [ ]

19 하루 세 번 <u>食後</u>에 약을 먹습니다. ……………… [ ]

20 신기술을 <u>東南</u>아시아에 수출하였습니다. ……………… [ ]

21 "도망가지 말고 <u>男子</u>답게 맞서라!" ……………… [ ]

22 학생들이 <u>校門</u>으로 우르르 나왔습니다. ……………… [ ]

02 다음 漢字한자의 訓(훈 : 뜻)과 音(음 : 소리)을 쓰세요. 23~42번

| 보기 |

字 → [글자 자]

23 場 [ ] 24 火 [ ]

25 小 [ ] 26 上 [ ]

27 答 [ ] 28 前 [ ]

29 父 [ ] 30 月 [ ]

31 內 [ ] 32 左 [ ]

33 午 [ ] 34 萬 [ ]

35 兄 [ ] 36 山 [ ]

37 室 [ ] 38 土 [ ]

39 西 [ ] 40 弟 [ ]

41 下 [ ] 42 正 [ ]

03 다음 밑줄 친 단어에 맞는 漢字語한자어를 |보기| 에서 골라 그 번호를 쓰세요. 43~44번

|보기|

① 水動　② 手動　③ 軍道　④ 車道

43 문을 <u>수동</u>으로 열었습니다. ································ [ ]

44 강아지가 갑자기 <u>차도</u>로 뛰어들었습니다. ································ [ ]

04 다음 訓(훈 : 뜻)과 音(음 : 소리)에 맞는 漢字한자를 |보기|에서 골라 그 번호를 쓰세요. 45~54번

|보기|

① 姓　② 右　③ 先　④ 平　⑤ 世
⑥ 話　⑦ 六　⑧ 八　⑨ 北　⑩ 足

45 먼저 선 [ ] 46 인간 세 [ ]

47 북녘 북 [ ] 48 성 성 [ ]

49 오른 우 [ ] 50 여섯 륙 [ ]

51 발 족 [ ] 52 평평할 평 [ ]

53 말씀 화 [ ] 54 여덟 팔 [ ]

05 다음 漢字한자의 상대 또는 반대되는 漢字한자를 |보기|에서 골라 그 번호를 쓰세요. 55~56번

|보기|

① 五　② 民　③ 學　④ 水

55 王 ↔ [ ] 56 敎 ↔ [ ]

06 다음 漢字語한자어의 뜻을 쓰세요. 57~58번

57 直立 : [ ]

58 母女 : [ ]

07 다음 漢字한자의 색이 다른 획은 몇 번째 쓰는지 |보기|에서 찾아 그 번호를 쓰세요. 59~60번

|보기|

① 첫 번째　② 두 번째　③ 세 번째
④ 네 번째　⑤ 다섯 번째　⑥ 여섯 번째

59  ·········· [ ]

60  ·········· [ ]

04회 한자능력검정시험 7급Ⅱ 기출·예상문제

(사) 한국어문회 주관	
합격문항	42문항
시험시간	50분
정 답	117쪽

01 다음 漢字한자의 訓(훈 : 뜻)과 音(음 : 소리)을 쓰세요.

01~20번

| 보기 |

字 → [글자 자]

01 土 [ ] 02 小 [ ]
03 不 [ ] 04 木 [ ]
05 內 [ ] 06 寸 [ ]
07 前 [ ] 08 手 [ ]
09 世 [ ] 10 長 [ ]
11 直 [ ] 12 氣 [ ]
13 白 [ ] 14 話 [ ]
15 年 [ ] 16 下 [ ]
17 弟 [ ] 18 平 [ ]
19 電 [ ] 20 王 [ ]

02 다음 밑줄 친 漢字語한자어의 音[음 : 소리]을 쓰세요.

21~42번

| 보기 |

<u>漢字</u> → [한자]

21 풍악을 울리며 <u>農民</u>들이 모내기를 합니다. ………… [ ]

22 그는 <u>每日</u> 아침 운동을 합니다. ………… [ ]

23 어렵게 <u>正答</u>을 맞혔습니다. ………… [ ]

24 사람들이 <u>西門</u> 근처로 몰려갔습니다. ………… [ ]

25 강수량이 적어 <u>食水</u>가 부족합니다. ………… [ ]

26 아이들이 임시로 만든 <u>教室</u>에서 공부를 합니다. ………… [ ]

27 지하철을 타고 <u>漢江</u>을 건넙니다. ………… [ ]

28 오징어는 겨울에 <u>南海</u>에 와서 알을 낳습니다. ………… [ ]

29 동생은 어머니를 따라 <u>外家</u>에 갔습니다. ………… [ ]

30 두 팔을 <u>左右</u>로 뻗었습니다. ………… [ ]

31 경기장에는 <u>韓國</u> 응원단이 많았습니다. ………… [ ]

32 새로 이사 온 집은 <u>學校</u>에서 가깝습니다. ………… [ ]

33 섬에서 <u>火山</u>이 폭발하였습니다. ………… [ ]

34 봄이면 <u>萬物</u>이 자라납니다. ………… [ ]

35 겉봉투에 주소와 <u>姓名</u>을 적었습니다. ………… [ ]

36 풍선에 수소 가스를 넣어 <u>空中</u>에 날렸습니다. ………… [ ]

37 새로운 제품을 <u>市場</u>에 내놓았습니다. ………… [ ]

38 쉬면서 <u>活力</u>을 되찾기로 하였습니다. ………… [ ]

39 가까스로 버스 출발 <u>時間</u>에 맞추었습니다.
…………………………………… [ ]

40 소문이 <u>四方</u>으로 퍼졌습니다.
…………………………………… [ ]

41 마을에 <u>上水道</u> 시설을 하였습니다.
…………………………………… [ ]

42 학교 앞에서는 <u>自動車</u> 속도를 줄여야 합니다. ………………………… [ ]

03 주어진 漢字한자에 알맞은 訓(훈 : 뜻)과 音(음 : 소리)을 |보기|에서 골라 그 번호를 쓰세요. 43~52번

| 보기 |

① 발 족	② 푸를 청	③ 쇠 금
④ 낮 오	⑤ 기록할 기	⑥ 설 립
⑦ 군사 군	⑧ 형 형	⑨ 큰 대
⑩ 먼저 선		

43 金 [ ] 44 軍 [ ]
45 立 [ ] 46 兄 [ ]
47 足 [ ] 48 午 [ ]
49 記 [ ] 50 青 [ ]
51 先 [ ] 52 大 [ ]

04 다음 밑줄 친 단어에 맞는 漢字語한자어를 |보기|에서 골라 그 번호를 쓰세요. 53~54번

| 보기 |

① 孝女 ② 老女 ③ 空事 ④ 工事

53 그녀는 <u>효녀</u>로 소문이 자자합니다.
……………………………… [ ]

54 섬과 섬을 잇는 다리 <u>공사</u>를 합니다.
……………………………… [ ]

05 다음 漢字한자의 상대 또는 반대되는 漢字한자를 |보기|에서 골라 그 번호를 쓰세요. 55~56번

| 보기 |

① 子 ② 東 ③ 後 ④ 北

55 南 ↔ [ ] 56 [ ] ↔ 女

06 다음 밑줄 친 漢字語한자어의 뜻을 쓰세요. 57~58번

57 고향에 계시는 <u>父母</u>님 생각을 하였습니다.
: [ ]

58 자동차에 타면 꼭 <u>安全</u>띠를 매야 합니다.
: [ ]

07 다음 漢字한자의 색이 다른 획은 몇 번째 쓰는지 |보기|에서 찾아 그 번호를 쓰세요. 59~60번

| 보기 |

① 첫 번째	② 두 번째	③ 세 번째
④ 네 번째	⑤ 다섯 번째	⑥ 여섯 번째
⑦ 일곱 번째	⑧ 여덟 번째	⑨ 아홉 번째
⑩ 열 번째	⑪ 열한 번째	⑫ 열두 번째
⑬ 열세 번째	⑭ 열네 번째	

59 學 ………… [ ]

60 海 ………… [ ]

05회 한자능력검정시험 7급Ⅱ 기출·예상문제

(사) 한국어문회 주관	
합격문항	42문항
시험시간	50분
정 답	119쪽

01 다음 밑줄 친 漢字語한자어의 音[음 : 소리]을 쓰세요. 01~22번

| 보기 |
漢字 → [한자]

01 아끼던 물건을 <u>市中</u>에 내다 팔았습니다. ······ [ ]

02 수재민들은 특히 <u>食水</u>가 부족하였습니다. ······ [ ]

03 그는 <u>活動</u>하기에 편한 옷을 입었습니다. ······ [ ]

04 나와 동생은 주말에는 <u>國立</u>도서관에 갑니다. ······ [ ]

05 그는 정신이 들었는지 <u>四方</u>을 둘러보았습니다. ······ [ ]

06 우리 할아버지는 서예의 <u>大家</u>입니다. ······ [ ]

07 황무지를 기름진 <u>農土</u>로 일구었습니다. ······ [ ]

08 할아버지는 우리 고장의 대학교 <u>學長</u>을 지냈습니다. ······ [ ]

09 해마다 봄이면 <u>道民</u>체육대회를 엽니다. ······ [ ]

10 각자 <u>姓名</u>을 한자로 적었습니다. ······ [ ]

11 요즘에는 초등학생도 휴대<u>電話</u>를 가지고 다닙니다. ······ [ ]

12 학기별로 <u>校內</u> 행사를 합니다. ······ [ ]

13 집에는 두 <u>母女</u>만이 남아 있었습니다. ······ [ ]

14 그는 <u>門前</u> 돌파력이 뛰어난 선수입니다. ······ [ ]

15 그녀는 우리 학교 국어 <u>先生</u>으로 임명되었습니다. ······ [ ]

16 주말이라 <u>平時</u>보다 도로가 복잡하였습니다. ······ [ ]

17 시험을 마치고 <u>正答</u>을 확인하였습니다. ······ [ ]

18 주말마다 <u>三寸</u>과 함께 운동을 합니다. ······ [ ]

19 어머니는 많은 <u>手工</u>을 들여 선물을 만들었습니다. ······ [ ]

20 승객들은 모두 <u>安全</u>하게 대피하였습니다. ······ [ ]

21 대한민국의 <u>靑年</u>은 누구나 국방의 의무를 집니다. ······ [ ]

22 흐리던 날씨가 <u>午後</u> 무렵부터 맑아지기 시작했습니다. ······ [ ]

02 다음 漢字한자의 訓(훈 : 뜻)과 音(음 : 소리)을 쓰세요. 23~42번

| 보기 |
字 → [글자 자]

23 敎 [ ]　24 九 [ ]

25 小 [ ]　26 下 [ ]

27 南 [ ] 28 兄 [ ]

29 直 [ ] 30 月 [ ]

31 弟 [ ] 32 木 [ ]

33 父 [ ] 34 萬 [ ]

35 車 [ ] 36 金 [ ]

37 火 [ ] 38 海 [ ]

39 西 [ ] 40 王 [ ]

41 氣 [ ] 42 場 [ ]

03 다음 밑줄 친 단어의 漢字語한자어를 |보기|에서 골라 그 번호를 쓰세요. 43~44번

|보기|

① 孝子 ② 老子 ③ 東人 ④ 軍人

43 젊은 **군인**들이 씩씩하게 경례를 합니다. .... [ ]

44 민후는 **효자**라고 칭찬이 자자합니다. .... [ ]

04 다음 訓(훈 : 뜻)과 音(음 : 소리)에 맞는 漢字한자를 |보기|에서 골라 그 번호를 쓰세요. 45~54번

|보기|

① 記 ② 白 ③ 世 ④ 物 ⑤ 東
⑥ 足 ⑦ 室 ⑧ 事 ⑨ 間 ⑩ 外

45 발 족 [ ] 46 사이 간 [ ]

47 인간 세 [ ] 48 흰 백 [ ]

49 집 실 [ ] 50 일 사 [ ]

51 물건 물 [ ] 52 동녘 동 [ ]

53 바깥 외 [ ] 54 기록할 기 [ ]

05 다음 漢字한자의 상대 또는 반대되는 漢字한자를 |보기|에서 골라 그 번호를 쓰세요. 55~56번

|보기|

① 右 ② 北 ③ 山 ④ 五

55 江 ↔ [ ] 56 左 ↔ [ ]

06 다음 밑줄 친 漢字語한자어의 뜻을 쓰세요. 57~58번

57 어려운 일도 <u>自力</u>으로 해결하려고 하였습니다. : [ ]

58 비행기는 신호를 기다리며 <u>上空</u>을 선회하였습니다. : [ ]

07 다음 漢字한자의 색이 다른 획은 몇 번째 쓰는지 |보기|에서 찾아 그 번호를 쓰세요. 59~60번

|보기|

① 첫 번째 ② 두 번째 ③ 세 번째
④ 네 번째 ⑤ 다섯 번째 ⑥ 여섯 번째
⑦ 일곱 번째 ⑧ 여덟 번째 ⑨ 아홉 번째
⑩ 열 번째

59  .... [ ]

60  .... [ ]

(사) 한국어문회 주관

한자능력 검정시험

정답 및 해설 7급Ⅱ

- 예상문제 1회 ~ 5회
- 기출 · 예상문제 1회 ~ 5회

7급Ⅱ 한자능력검정시험 정답 및 해설

01회 예상문제 71쪽~72쪽

01	활기	02	한식	03	수기	04	오륙
05	찻간	06	외인	07	장녀	08	공장
09	오전	10	강동	11	이세	12	하교
13	시일	14	부족	15	선후	16	북해
17	정직	18	형제	19	농사	20	전교
21	방도	22	생물	23	높은 하늘	24	물의 힘
25	대답 답	26	달 월	27	넉 사	28	백성 민
29	쇠 금, 성 김			30	여덟 팔	31	해 년
32	임금 왕	33	아홉 구	34	저자 시	35	문 문
36	평평할 평	37	한수 한	38	흰 백	39	불 화
40	배울 학	41	사내 남	42	큰 대	43	매양 매
44	일곱 칠	45	⑧	46	①	47	⑩
48	③	49	⑨	50	⑥	51	②
52	⑤	53	④	54	⑦	55	④
56	②	57	①	58	④	59	③
60	④						

해설

03 手記(수기)▸(손 수)(기록할 기) : ① 자신의 체험을 직접 쓴 기록. ② 글이나 글씨를 직접 씀.

04 五六(오륙)▸(다섯 오)(여섯 륙)
→ 六자의 본음은 '륙'이나 쓰임에 따라 발음이 달라지는 글자입니다.
참 六月(유월), 五六月(오뉴월).

05 車間(찻간)▸(수레 차)(사이 간)
: 기차나 버스 따위에서 사람이 타는 칸.
→ 두 음절로 된 다음 예의 한자어는 예외적으로 사이시옷을 받치어 적습니다.
예 찻간(車間), 횟수(回數), 숫자(數字) 등.

06 外人(외인)▸(바깥 외)(사람 인)
: 어떤 일과 관계없는 사람.

07 長女(장녀)▸(긴 장)(계집 녀) : 맏딸.
→ 여기에서 '長'자는 '맏이'를 뜻합니다.

09 午前(오전)▸(낮 오)(앞 전)
: 밤 열두 시부터 낮 열두 시까지의 시간.
→ 오시(午時)는 오전 열한 시부터 오후 한 시까지를 뜻하므로, 낮 열두 시를 '정오(正午)'라고 합니다.

10 江東(강동)▸(강 강)(동녘 동) : 평안남도 강동군에 있는 면. [군청 소재지로, 대동강 중류의 평야지대에 있으며, 농산물의 집산지이다.]

11 二世(이세)▸(두 이)(인간 세) : '세대를 이을 아이'라는 뜻으로, '자녀(子女)'를 달리 이르는 말.

12 下教(하교)▸(아래 하)(가르칠 교)
: 윗사람이 아랫사람에게 가르침을 줌. 여기에서 '下'자는 '내리다. 베풀다'를 뜻합니다.

14 不足(부족)▸(아닐 불)(발 족) : 필요한 양이나 기준에 미치지 못함. 넉넉하지 않음.
→ '不'자의 본래 소리는 '불'이나 뒤에 'ㄷ'이나 'ㅈ'으로 시작하는 말이 오면 '부'로 읽습니다.

15 先後(선후)▸(먼저 선)(뒤 후)
: 먼저와 나중. 앞서거니 뒤서거니 함.

→ 서로 뜻이 상대되는 한자로 결합된 한자어입니다.

17 正直(정직)▸(바를 정)(곧을 직)
→ 서로 뜻이 비슷한 한자로 결합된 한자어입니다.

18 兄弟(형제)▸(형 형)(아우 제)
→ 서로 뜻이 상대되는 한자로 결합된 한자어입니다.

21 方道(방도)▸(모 방)(길 도)
: 방법과 도리. 여기에서 '方'자는 '방법(方法)'을 뜻하고, '道'자는 '도리(道理)'를 뜻합니다.

23 上空(상공)▸(윗 상)(빌 공) : 높은 하늘.
→ 여기에서 '空'자는 '하늘'을 뜻합니다.

34 市(저자 시)자의 '저자'는 '사람이 많이 모여 시끌시끌한 시장'을 뜻합니다.

36 '平(평평할 평)'자는 '乎(어조사 호)'자와 모양이 비슷하여 혼동하기 쉬운 글자입니다.

55 大小(대소)▸(큰 대)(작을 소) : 크고 작음.

56 左右(좌우)▸(왼 좌)(오른 우)
: 왼쪽과 오른쪽.

57 木手(목수)▸(나무 목)(손 수)
→ 여기에서 '手'자는 歌手(가수), 소방수(消防手) 등과 같이 '그것을 직업으로 하는 사람'의 뜻을 더하는 접미사입니다.

58 中立(중립)▸(가운데 중)(설 립)
: 어느 편에도 치우치지 않고 공정하게 행동하거나 중간 입장을 취함.

59 正(바를 정, 총5획)▸ 一 丅 下 正 正

60 平(평평할 평, 총5획)▸ 一 丷 冖 丗 平

02회 예상문제 73쪽~74쪽

01	공중	02	수평	03	전국	04	자제
05	만물	06	시간	07	불안	08	외성
09	수화	10	자력	11	후세	12	직전
13	활동	14	상오	15	유월	16	명가
17	식도	18	이남	19	대군	20	사족
21	차내	22	선금	23	동쪽 / 동쪽 지방		
24	나이가 적음			25	임금 왕	26	일곱 칠
27	문 문	28	작을 소	29	푸를 청	30	날 생
31	마디 촌	32	석 삼	33	다섯 오	34	흙 토
35	나무 목	36	아홉 구	37	아비 부	38	설 립
39	배울 학	40	농사 농	41	왼 좌	42	서녘 서
43	장인 공	44	가르칠 교	45	⑤	46	③
47	⑩	48	⑦	49	①	50	②
51	⑨	52	⑥	53	④	54	⑧
55	④	56	①	57	④	58	①
59	①	60	②				

해설

01 空中(공중)▸(빌 공)(가운데 중) : 하늘과 땅 사이의 빈 곳.
→ 여기에서 '空'자는 '하늘, 공중'을 뜻합니다.

02 水平(수평)▸(물 수)(평평할 평)
: 잔잔한 수면처럼 기울지 않고 평평한 상태.

04 子弟(자제)▸(아들 자)(아우 제)
: 남을 높여 그의 아들을 일컫는 말.

05 萬物(만물)▸(일만 만)(물건 물)
: 세상에 있는 모든 것.

07 不安(불안)▸(아닐 불)(편안 안)
: 마음이 편하지 아니함.

08 外姓(외성)▸(바깥 외)(성 성)
: ① 외가(外家)의 성(姓). ② 외가 쪽의 친척.

09 手話(수화)▸(손 수)(말씀 화)
: 몸짓이나 손짓으로 표현하는 의사 전달 방법.

11 後世(후세)▸(뒤 후)(인간 세)
: 다음 세대의 사람들.

12 直前(직전)▸(곧을 직)(앞 전)
: 어떤 일이 일어나기 바로 전.
반 직후(直後).

14 上午(상오)▸(윗 상)(낮 오)
: 밤 0시부터 낮 12시까지의 동안.

15 六月(유월)▸(여섯 륙)(달 월)
→ '六'자의 본음은 '륙'이나 쓰임에 따라 소리가 달라집니다. 특히, '月'자 앞에서는 '유', 또는 '뉴'로 읽고 적습니다.
예 五六月(오뉴월), 六月(유월).

16 名家(명가)▸(이름 명)(집 가)
: 명망(名望)이 높은 가문.

17 食道(식도)▸(먹을 식)(길 도)
: 삼킨 음식물이 지나는 통로.

18 二男(이남)▸(두 이)(사내 남) : 둘째 아들.
→ 여기에서 '男'자는 '아들'을 뜻합니다.

20 四足(사족)▸(넉 사)(발 족)
: 짐승의 네 발, 또는 네 발 가진 짐승.

21 車內(차내)▸(수레 차)(안 내)
→ '車'자는 쓰임에 따라 '거' 또는 '차'로 읽습니다.
참 '車'가 자동차, 기차, 전차, 마차 등과 같이 동력(動力)으로 움직일 때에는 '차'로 읽고, 인력거(人力車), 자전거(自轉車)와 같이 사람의 힘으로 움직일 때에는 '거'로 읽습니다.

22 先金(선금)▸(먼저 선)(쇠 금)
: 무엇을 사거나 세낼 때에 그 값의 일부 또는 전부를 먼저 치르는 돈.

23 東方(동방)▸(동녘 동)(모 방)
: 동쪽 또는 동쪽 지방.
→ 여기에서 '方'자는 '쪽, 방위' 등을 뜻합니다.
참 동방예의지국(東方禮儀之國) : '동쪽에 있는 예의에 밝은 나라'라는 뜻에서, 예전에 중국에서 우리나라를 이르던 말.

24 年下(연하)▸(해 년)(아래 하) : 나이가 적음.
→ 여기에서 '年'자는 '나이'를 뜻합니다.

29 靑(푸를 청)자는 서체에 따라 '青'자와 같이 쓰기도 합니다.

42 '西(서녘 서)'자는 '四(넉 사), 酉(닭 유)' 등과 모양이 비슷하여 혼동하기 쉬운 글자입니다.

43 工(장인 공)자의 뜻인 '장인'은 '장색(匠色)'이라고도 하는데, '손으로 물건을 만드는 일을 업으로 하는 사람'을 이르는 말입니다.

45 '場(마당 장)'자는 '陽(볕 양)'자와 모양이 비슷하여 혼동하기 쉬운 글자입니다.

54 '每(매양 매)'자의 뜻인 '매양'은 '번번이'라는 말로, 비슷한 뜻을 가진 말로는 '때마다. 늘. 여러 번 다. 항상' 등이 있습니다.

57 家長(가장)▸(집 가)(긴 장) : 집안의 어른.
→ 여기에서 '長'자는 '어른'을 뜻합니다.

58 日氣(일기)▸(날 일)(기운 기) : 날씨.
참 '그날그날 겪은 일이나 느낌 등을 적는 개인의 기록'을 뜻하는 '일기(日記)'와 혼동하기 쉬운 한자어입니다.

59 民(백성 민, 총5획)▸ 

60 內(안 내, 총4획)▸ 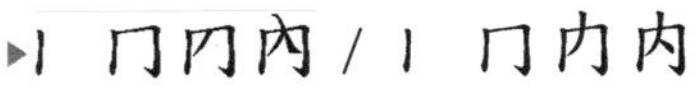

03회 예상문제 75쪽~76쪽

01	자동	02	실내	03	한국	04	차도
05	성명	06	선산	07	민간	08	모자
09	후식	10	화기	11	매시	12	장형
13	활력	14	만전	15	세사	16	서방
17	공백	18	수공	19	사촌	20	북상
21	해외	22	직립	23	학교에서 공부를 마치고 돌아옴		
24	못마땅하게 여김						
25	가르칠 교	26	동녘 동	27	발 족	28	번개 전
29	흙 토	30	앞 전	31	말씀 화	32	아홉 구
33	쇠 금 / 성 김			34	바를 정	35	효도 효
36	해 년	37	아우 제	38	가운데 중	39	여섯 륙
40	기록할 기	41	임금 왕	42	달 월	43	물 수
44	한수 한	45	⑩	46	⑧	47	①
48	③	49	⑤	50	⑦	51	⑥
52	④	53	⑨	54	②	55	③
56	②	57	④	58	②	59	④
60	④						

해설

02 室內(실내)▸(집 실)(안 내) : ① 방이나 건물 따위의 안. ② '남의 아내'를 점잖게 이르는 말.
→ 여기에서는 ①을 뜻합니다.

04 車道(차도)▸(수레 차)(길 도) : 찻길.
→ '車'자는 쓰임에 따라 '거' 또는 '차'로 읽습니다.

06 先山(선산)▸(먼저 선)(메 산)
: 조상의 무덤이 있는 산.

07 民間(민간)▸(백성 민)(사이 간)
: 일반 백성들 사이.
→ '間(사이 간)'자는 '問(물을 문), 閑(한가할 한), 閒(사이 간, 한가할 한)'자 등과 혼동하기 쉬운 글자입니다.

09 後食(후식)▸(뒤 후)(먹을 식) : ①나중에 먹음. ②(식사 뒤에 먹는) 과일이나 아이스크림 따위의 간단한 음식. → 여기에서는 ②를 뜻합니다.

10 火氣(화기)▸(불 화)(기운 기) : 불기운.

11 每時(매시)▸(매양 매)(때 시) : 매시간.
→ '每'자는 '母(어미 모)'자와 서로 모양이 비슷하여 혼동하기 쉬운 글자입니다.

12 長兄(장형)▸(긴 장)(형 형) : 맏형.
→ '長'자는 '맏이'를 뜻합니다.

13 活力(활력)▸(살 활)(힘 력) : 살아 움직이는 힘.
→ 여기에서 '活'자는 '생기(生氣)가 있다'를 뜻합니다.

14 萬全(만전)▸(일만 만)(온전 전)
: 조금도 허술한 데가 없이 아주 완전함.

15 世事(세사)▸(인간 세)(일 사)
: 세상일. 세상에서 일어나는 온갖 일. '세상사(世上事)'의 줄임말.

17 空白(공백)▸(빌 공)(흰 백)
: 종이나 책 따위에서 글씨나 그림이 없이 비어 있는 곳.

18 手工(수공)▸(손 수)(장인 공)
: ① 손으로 하는 공예. ② 손으로 하는 일의 품삯.

19 四寸(사촌)▸(넉 사)(마디 촌) : ① 네 치. ② 아버지의 친형제자매의 아들딸과의 촌수.
→ 여기에서 '寸'자는 '촌수(寸數)'를 뜻합니다.
참 '外四寸'은 '어머니의 남매, 또는 자매의 아들이나 딸과의 촌수'를 말함.

20 北上(북상)▸(북녘 북)(윗 상)
: 북쪽을 향하여 올라감.
→ 여기에서 '上'자는 '오르다'를 뜻합니다.

21 海外(해외)▸(바다 해)(바깥 외)
: 국외(國外). 바다 밖의 다른 나라.

22 直立(직립)▸(곧을 직)(설 립)
: 꼿꼿하게 바로 섬.

23 下校(하교)는 登校(등교)의 뜻과 서로 상대되는 반대어입니다. '옛날에는 학교가 언덕에 있었기 때문에 공부를 마치면 언덕에서 내려온다.'는 뜻에서 생긴 말입니다.

24 不平(불평)▸(아닐 불)(평평할 평)
: 마음에 들지 아니하여 못마땅하게 여김.
→ 여기에서 '平'자는 '편안함'을 뜻합니다.

28 '電(번개 전)'자는 '雷(우레 뢰)'자와 모양이 비슷하여 혼동하기 쉬운 글자입니다.

36 '六(여섯 륙)'의 본음은 '륙'입니다. '여섯 육'으로 쓰는 경우가 많은데 잘못이므로 주의해야 합니다.

37 '弟(아우 제)'자는 '第(차례 제)'자와 모양이 비슷하여 혼동하기 쉬운 글자입니다.

50 市(저자 시)자의 '저자'는 '사람이 많이 모여 시끌시끌한 시장'을 뜻합니다.

56 手足(수족)▸(손 수)(발 족)
: ① 손과 발. ② 손발처럼 마음대로 부리는 사람을 비유하여 이르는 말.

57 電動(전동)▸(번개 전)(움직일 동)
: 전기로 움직임.
→ 여기에서 '電'자는 '전기(電氣)'를 뜻합니다.

58 生後(생후)▸(날 생)(뒤 후) : 태어난 후.

59 西(서녘 서, 총6획)▸ 

60 北(북녘 북, 총5획)▸ 

04회 예상문제 77쪽~78쪽

01	연중	02	장외	03	수하	04	전화
05	만금	06	왕자	07	교실	08	육촌
09	시월	10	해상	11	가내	12	역도
13	기사	14	인간	15	후일	16	부정
17	평민	18	생활	19	수차	20	국군
21	명답	22	사시	23	어머니와 딸		
24	스스로 넉넉하게 여김			25	매양 매	26	작을 소
27	성 성	28	모 방	29	물건 물	30	다섯 오
31	빌 공	32	일곱 칠	33	푸를 청	34	나무 목
35	흰 백	36	왼 좌	37	낮 오	38	서녘 서
39	설 립	40	저자 시	41	움직일 동	42	오른 우
43	나라 한	44	동녘 동	45	⑦	46	⑩
47	④	48	①	49	⑨	50	⑥
51	②	52	⑧	53	⑤	54	③
55	③	56	①	57	②	58	③
59	⑦	60	③				

해설

01 年中(연중)▸(해 년)(가운데 중) : 한 해 동안.
→ '年'자의 본래 소리는 '년'이나 낱말의 첫 음절에서는 '두음법칙'에 의해 '연'으로 읽고 적습니다.

02 場外(장외)▸(마당 장)(바깥 외)
: 어떠한 곳의 바깥.

03 手下(수하)▸(손 수)(아래 하)
: ① 손아래. ② 부하(部下).
→ '손아래'는 '나이·항렬 따위가 자기보다 아래이거나 낮은 관계에 있는 사람'을 이르는 말

로, 반대어는 '수상(手上)'이며, 순우리말로 '손위'라고 합니다.

05 萬金(만금)▸(일만 만)(쇠 금) : 매우 많은 돈.
→ 여기에서 '萬'자는 '많다'를 뜻하고, '金'자는 '돈', 또는 '황금'을 뜻합니다.

06 王子(왕자)▸(임금 왕)(아들 자) : 임금의 아들.
→ '왕자'에서 '子'자를 '者'자로 쓰면 '임금'을 뜻합니다.

08 六寸(육촌)▸(여섯 륙)(마디 촌)
: 사촌(四寸)의 자녀끼리의 촌수.

09 十月(시월)▸(열 십)(달 월)
: '十'자의 본래 소리는 '십'이나 '月'자 앞에서는 '시'로 읽습니다.

11 가내공업(家內工業) : 집 안에서 단순한 기술과 도구로 물건을 만들어 내는 작은 수공업(手工業).

12 力道(역도)▸(힘 력)(길 도)
: 역기(力器)를 들어 올려 그 무게의 기록을 겨루는 경기.
→ '力'자는 본래 소리가 '력'이나 낱말의 첫 음절에서는 '두음법칙'에 의해 '역'으로 적습니다.

14 식물인간(植物人間) : 대뇌의 손상으로 의식과 운동 기능은 없어지거나 사라졌으나 호흡과 소화, 흡수, 순환 따위의 기능은 변함없이 계속하여 지탱하고 있는 환자.

16 不正(부정)▸(아닐 불)(바를 정)
: 올바르지 아니하거나 옳지 못함.
→ '不'자는 'ㄷ'이나 'ㅈ'으로 시작하는 말 앞에서는 '부'로 읽고 적습니다.

17 平民(평민)▸(평평할 평)(백성 민)
: 벼슬이 없는 일반인.

18 生活(생활)▸(날 생)(살 활)
: 일정한 환경에서 활동하며 살아감.
→ '生活'은 서로 뜻이 비슷한 한자로 결합된 한자어입니다.

19 水車(수차)▸(물 수)(수레 차) : 물레방아.
→ '車'자는 쓰임에 따라 '거' 또는 '차'로 읽습니다.

21 名答(명답)▸(이름 명)(대답 답)
: 질문의 의도에 꼭 알맞은 대답.
→ 여기에서 '名'자는 (일부 명사 앞에서) '이름난' 또는 '뛰어난'의 뜻을 더하는 접두사입니다.

22 四時(사시)▸(넉 사)(때 시)
: 봄・여름・가을・겨울의 네 철.
→ 여기에서 '時'자는 '철[계절(季節)]'을 뜻합니다.

24 自足(자족)▸(스스로 자)(발 족)
: 스스로 넉넉함을 느낌.
→ 여기에서 '足'자는 '넉넉하다'를 뜻합니다.

28 '方(모 방)'자의 뜻인 '모'는 '네모'를 뜻합니다.

31 空(빌 공)자의 '빌'은 '비다'는 말로, '일정한 공간에 사람・사물 따위가 들어 있지 아니함' 또는 '모자람' 등을 뜻합니다.

56 內外(내외)▸(안 내)(바깥 외)
: ① 안과 밖. ② 남녀 사이에 서로 얼굴을 대하지 않고 피함. ③ 아내와 남편. 부부(夫婦). ④ 그에 가까움 또는 그 차이.

57 市長(시장)▸(저자 시)(긴 장)
: 시(市)의 행정을 맡아보는 우두머리.
→ 여기에서 '長'은 '어른', 또는 '우두머리'를 뜻합니다.

59 每(매양 매, 총7획)▸ ノ 𠂉 𠂉 ... 每

60 火(불 화, 총4획)▸ 丶 丷 少 火

05회 예상문제 79쪽~80쪽

01	②	02	⑧	03	⑩	04	⑥
05	④	06	⑤	07	③	08	⑨
09	⑦	10	①	11	문간	12	일기
13	교시	14	교학	15	북한	16	사물
17	공군	18	선수	19	김형	20	안전
21	도장	22	상기	23	차에서 내림		
24	온갖 일	25	모 방	26	움직일 동	27	평평할 평
28	집 실	29	바깥 외	30	안 내	31	성 성
32	가운데 중	33	흰 백	34	나무 목	35	설 립
36	살 활	37	스스로 자	38	달 월	39	불 화
40	서녘 서	41	⑥	42	⑧	43	④
44	②	45	⑦	46	⑭	47	①
48	⑩	49	⑤	50	⑫	51	⑮
52	③	53	⑬	54	⑪	55	②
56	①	57	②	58	③	59	④
60	⑨						

해설

02 家事(가사)▸(집　가)(일　사)

04 生日(생일)▸(날　생)(날　일)
→ '生'자의 뜻인 '날'은 '태어나다'를 뜻하고, '日'자의 뜻인 '날'은 '날짜'를 뜻합니다.

05 左手(좌수)▸(왼　좌)(손　수)

06 每日(매일)▸(매양 매)(날　일)

07 子女(자녀)▸(아들 자)(계집 녀)

08 正午(정오)▸(바를 정)(낮　오)
→ '오시(午時)'는 '오전 열한 시부터 오후 한 시까지'이므로, '정오'는 그 가운데 '낮 열두 시'를 뜻합니다.

09 東海(동해)▸(동녘 동)(바다 해)

10 全力(전력)▸(온전 전)(힘　력)

11 門間(문간)▸(문　문)(사이 간)
: 대문이나 중문(重門) 따위의 출입문이 있는 곳.

12 日記(일기)▸(날　일)(기록할 기) : 그날그날 겪은 일이나 느낌 등을 적는 개인의 기록.
참 '날씨'를 뜻하는 '일기(日氣)'와 혼동하기 쉬운 한자어입니다.

13 校時(교시)▸(학교 교)(때　시)
: 수업 시간을 세는 단위.

14 教學(교학)▸(가르칠 교)(배울 학) : ① 가르치는 일과 배우는 일. ② 교육(教育)과 학문(學問).
→ 서로 뜻이 상대되는 한자로 결합된 반대자입니다.

16 四物놀이(사물-)▸(넉　사)(물건 물)
: 네 사람이 각기 꽹과리, 징, 장구, 북을 가지고 어우러져 치는 놀이.

17 空軍(공군)▸(빌　공)(군사 군)
: 항공기를 이용하여 공중에서 공격과 방어의 임무를 수행하는 군대.

18 先手(선수)▸(먼저 선)(손　수)
: 남이 하기 전에 앞질러 하는 행동.
→ 여기에서 '手'자는 '기술(수준)'을 뜻합니다.

19 金兄(김형)▸(성　김)(형　형)
→ 여기에서 '兄'은 '남남끼리의 사이에서 나이가 적은 남자가 나이가 많은 남자를 이르거나 부르는 말'을 뜻합니다.

21 道場(도장)▸(길　도)(마당 장)
: ① 무예를 닦는 곳. ② (불교에서) 도를 얻으

려고 수행하는 곳. 도량(道場).
→ ②의 뜻에서는 '도량(道場)'이라고 읽습니다.

22 上氣(상기)▸(윗　상)(기운 기)
: 흥분이나 부끄러움으로 얼굴이 붉어짐.
→ 여기에서 '上'자는 '오르다'를 뜻합니다.

23 下車(하차)▸(아래 하)(수레 차) : 차에서 내림.
→ 여기에서 '下'자는 '내리다, 내려오다'를 뜻합니다.

24 萬事(만사)▸(일만 만)(일　사)
: 온갖 일, 여러 가지 일.
→ 여기에서 '萬'자는 '온갖, 모든'을 뜻합니다.

33 '白(흰 백)'자는 '自(스스로 자)'자와 모양이 비슷하여 혼동하기 쉬운 글자입니다.

51 '工(장인 공)'자의 뜻인 '장인(匠人)'은 '손으로 물건을 만드는 일을 업으로 하는 사람'을 뜻합니다.

53 '市(저자 시)'자의 뜻인 '저자'는 '시장(市場). 시장에서 물건을 파는 가게. 아침저녁으로 반찬거리를 파는 작은 규모의 시장' 등을 뜻합니다.

56 前後(전후)▸(앞　전)(뒤　후)
: ① 앞뒤. ② 일정한 때나 수량에 약간 모자라거나 넘는 것.

58 사흘[三日]▸(석　삼)(날　일) : 세 날. 사흗날.
참 나흘[四日]▸(넉 사)(날 일).
참 매달 첫째 날부터 열째 되는 날까지 순우리말을 알아두세요.
→ (초)하루, (초)이틀, (초)사흘, (초)나흘, (초)닷새, (초)엿새, (초)이레, (초)여드레, (초)아흐레, 열흘.

59 父(아비 부, 총4획)▸ 

60 軍(군사 군, 총9획)▸ 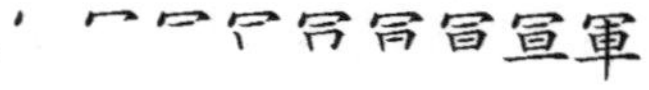

7급Ⅱ 한자능력검정시험 정답 및 해설

01회 기출·예상문제 93쪽~94쪽

01	식사	02	활력	03	서해	04	매일
05	시간	06	차도	07	평생	08	교장
09	부모	10	국내	11	정답	12	공기
13	효녀	14	공대	15	동물	16	수화
17	후문	18	남자	19	시외	20	농가
21	직립	22	전년	23	푸를 청	24	사람 인
25	기록할 기	26	여덟 팔	27	강 강	28	작을 소
29	백성 민	30	번개 전	31	스스로 자	32	성 성
33	먼저 선	34	아우 제	35	배울 학	36	임금 왕
37	일만 만	38	나무 목	39	가운데 중	40	윗 상
41	마당 장	42	석 삼	43	③	44	①
45	⑨	46	①	47	⑤	48	⑥
49	⑩	50	③	51	④	52	⑦
53	②	54	⑧	55	③	56	④
57	오른쪽	58	이름난 산	59	⑥	60	②

해설

02 活力(활력)▸(살 활)(힘 력)
: 살아 움직이는 힘. → 여기에서 '活'자는 '살다, 목숨을 보존하다'를 뜻합니다.

05 時間(시간)▸(때 시)(사이 간)
: 어떤 시각에서 어떤 시각까지의 사이.
→ 여기에서 '間'자는 '때'를 뜻합니다.

06 車道(차도)▸(수레 차)(길 도) : 찻길. 자동차만 다니게 한 길. → '車'자는 쓰임에 따라 '차' 또는 '거'로 읽고 적습니다.

07 平生(평생)▸(평평할 평)(날 생) : 세상에 태어나서 죽을 때까지의 동안. 일생(一生).
→ 여기에서 '平'자는 '평안(平安)하다'를 뜻합니다.

08 校長(교장)▸(학교 교)(긴 장) : 각급 학교의 으뜸 직위 또는 그 직위에 있는 사람. → 여기에서 '長'자는 '어른, 우두머리'를 뜻합니다.

12 空氣(공기)▸(빌 공)(기운 기)
: ① 지구를 둘러싼 대기를 구성하는 색도 없고 냄새도 없는 투명한 기체(氣體). ② 그 자리에 감도는 기분이나 분위기.
→ 여기에서 '空'자는 '하늘'을 뜻합니다.

14 工大(공대)▸(장인 공)(큰 대)
: '공과대학(工科大學 : 공업 생산에 필요한 과학 기술을 전공하는 단과대학)'을 줄여서 이르는 말.

16 手話(수화)▸(손 수)(말씀 화)
: 청각 장애인과 언어 장애인들이 몸짓이나 손짓으로 표현하는 의사 전달 방법.

17 後門(후문)▸(뒤 후)(문 문)
: 뒤나 옆으로 난 문. 뒷문.
→ 여기에서 '後'자는 '뒤, 곁'을 뜻합니다.

18 男子(남자)▸(사내 남)(아들 자)
: 남성(男性)으로 태어난 사람.
→ 여기에서 '子'자는 '접미사(어근이나 단어의 뒤에 붙어 새로운 단어가 되게 하는 말)'를 뜻합니다.

19 市外(시외)▸(저자 시)(바깥 외)
: 도시의 밖 또는 시 구역 밖의 지역.
→ 여기에서 '市'자는 '인가(人家)가 많은 번화한 곳'을 뜻합니다.

21 直立(직립)▸(곧을 직)(설 립)
: ① 꼿꼿하게 바로 섬. ② 산 따위가 높이 솟아오름 또는 그런 높이. → 여기에서 '直'자는 '펴다, 곧게 하다'를 뜻합니다.

22 前年(전년)▸(앞 전)(해 년) : ① 이해의 바로 앞의 해. 지난해. 작년(昨年). ② 지나간 해.
→ 여기에서 '前'자는 '지나다, 지나가다'를 뜻합니다.

28 小(작을 소) → '少(적을 소)'자와 모양이 비슷하여 혼동하기 쉬운 글자입니다.

32 姓(성 성) → '性(성품 성)'자와 모양이 비슷하여 혼동하기 쉬운 글자입니다.

33 先(먼저 선) → '老(늙을 로)'자와 모양이 비슷하여 혼동하기 쉬운 글자입니다.

51 不(아닐 불) → '不(불)'자의 본음은 '불'이나 'ㄷ'이나 'ㅈ'으로 시작되는 말 앞에서는 '부'로 읽고 적습니다.

52 六(여섯 륙)
→ '六(륙)'자의 본음은 '륙'이나 낱말의 첫머리에서는 '유, 육' 등으로 읽고 적습니다.

57 右方(우방)▸(오른 우)(모 방)
→ 여기에서 '方(방)'자는 '쪽, 방향'을 뜻합니다.

58 名山(명산)▸(이름 명)(메 산) → 여기에서 '名(명)'자는 '이름나다, 훌륭하다'를 뜻합니다.

59 軍(군사 군 : 총9획)▸ ' 冖 冖 冖 冖 冒 冒 宣 軍
→ 꿰뚫고 지나는 획은 맨 나중에 씁니다.

60 東(동녘 동 : 총8획)▸ 一 丆 丙 丙 百 申 東 東

02회 기출 · 예상문제 95쪽~96쪽

01	동물	02	화산	03	성명	04	생활
05	평민	06	정직	07	수문	08	자백
09	국가	10	모자	11	매사	12	대소
13	남북	14	전화	15	불안	16	교장
17	시장	18	시공	19	전후	20	육만
21	형제	22	연금	23	푸를 청	24	안 내
25	힘 력	26	마디 촌	27	사람 인	28	강 강
29	기록할 기	30	군사 군	31	인간 세	32	배울 학
33	아홉 구	34	대답 답	35	나라 한	36	바다 해
37	열 십	38	나무 목	39	서녘 서	40	온전 전
41	길 도	42	장인 공	43	③	44	②
45	⑤	46	③	47	⑥	48	⑨
49	②	50	①	51	④	52	⑩
53	⑦	54	⑧	55	④	56	②
57	끼니 사이에 음식을 먹음. 군음식						
58	동, 서, 남, 북. 네 방위			59	②	60	⑧

해설

02 火山(화산)▸(불 화)(메 산)
: 땅속의 마그마가 지각으로 터져 나와 많이 덮쳐 쌓여서 이루어진 산.

04 生活(생활)▸(날 생)(살 활)
: ① 일정한 환경에서 활동하며 살아감. ② 생계나 살림을 꾸려 나감.
→ 여기에서 '生'자는 '살다'를 뜻합니다.

05 平民(평민)▸(평평할 평)(백성 민)
: 벼슬이 없는 일반인.
→ '平'자의 대표 훈은 '평평하다'이나 여기에서는 '보통'을 뜻합니다.

06 正直(정직)▸(바를 정)(곧을 직)
: 마음에 거짓이나 꾸밈이 없이 바르고 곧음.
→ 서로 뜻이 비슷한 한자로 결합된 한자어입니다.

07 水門(수문)▸(물 수)(문 문) : 물의 흐름을 막거나 흐르는 양을 조절하기 위하여 설치한 문.

08 自白(자백)▸(스스로 자)(흰 백)
: 자기가 지은 죄를 남들 앞에서 직접 털어놓음.
→ '白'자의 대표 훈은 '희다'이나 여기에서는 '아뢰다'를 뜻합니다.

11 每事(매사)▸(매양 매)(일 사)
: ① 일마다. ② 모든 일.
→ 여기에서 '每'자는 '~마다'를 뜻합니다.

12 大小(대소)▸(큰 대)(작을 소) : 크고 작음.
→ 서로 뜻이 상대되는 한자로 결합된 한자어입니다.

13 南北(남북)▸(남녘 남)(북녘 북)
: ① 남쪽과 북쪽 ② 머리통의 앞과 뒤 ③ 격에 맞지 않게 툭 내민 부분.
→ 서로 뜻이 상대되는 한자로 결합된 한자어입니다.

18 時空(시공)▸(때 시)(빌 공) : 시간과 공간.
→ '空'자의 대표 훈은 '비다'이나 여기에서는 '공간'을 뜻합니다.

19 前後(전후)▸(앞 전)(뒤 후) : ① 앞과 뒤. ② 일정한 때나 수량에 약간 모자라거나 넘는 것.
→ 서로 뜻이 상대되는 한자로 결합된 한자어입니다.

20 六萬(육만)▸(여섯 륙)(일만 만)
→ '六'자의 본음은 '륙'이나 여기에서는 두음법칙에 의해 '육'으로 읽고 적습니다.

21 兄弟(형제)▸(형 형)(아우 제) : 형과 아우.
→ 서로 뜻이 상대되는 한자로 결합된 한자어입니다.

22 年金(연금)▸(해 년)(쇠 금) : 일정 기간 동안 국가 또는 단체에서 해마다 주는 돈.
→ '年'자의 본음은 '년'이나 여기에서는 두음법칙에 의해 '연'으로 읽고 적습니다.

23 '靑'자는 서체에 따라 글자의 모양이 '靑', '青' 등으로 달라집니다. 시험에서는 두 가지 모두 정답으로 인정합니다.

24 '內'자는 서체에 따라 글자의 모양이 '內', '内' 등으로 달라집니다. 시험에서는 두 가지 모두 정답으로 인정합니다.

40 '全(온전 전)'자는 '入(들 입)'자와 '王(구슬 옥 → 임금 왕)'자가 결합한 것으로, 보통 필기할 때에는 '入(입)'자를 '人(인)'자 같이 쓰는 것을 허용합니다.

44 手中(수중)▸(손 수)(가운데 중)
: ① 손의 안. ② 자신의 힘이 미칠 수 있는 범위.
→ '中'자의 대표 훈은 '가운데'이나 여기에서는 '그 범위의 안'을 뜻합니다.

45 '氣'자의 뜻인 '기운'은 '하늘과 땅 사이에 가득 차서, 만물이 나고 자라는 힘의 근원'을 뜻합니다.

53 '午'자는 '牛(소 우)'자와 모양이 비슷하여 혼동하기 쉬운 글자입니다. '소[牛]'는 뿔이 달린 소의 모양을 보고 만든 글자이고, '午'자는 일곱째 지지地支에서 '말[馬]'을 상징합니다.

55 左右(좌우)▸(왼 좌)(오른 우) : ① 왼쪽과 오른쪽 ② 옆이나 곁 또는 주변 ③ 주위에 거느리고 있는 사람 ④ 어떤 일에 영향을 주어 지배함.

57 間食(간식)▸(사이 간)(먹을 식)
: 끼니와 끼니 사이에 먹는 음식. 곁두리. 군음식.

59 世(인간 세, 총 5획)▸ 一 十 卄 廿 世

60 農(농사 농, 총13획)
▸ 丨 冂 曰 曲 曲 曲 曲 農 農 農 農 農 農

03회 기출 · 예상문제 97쪽~98쪽

01	청군	02	삼촌	03	해외	04	농활
05	목공	06	백금	07	매일	08	자가
09	연간	10	불시	11	안전	12	생기
13	사방	14	전력	15	공중	16	한강
17	기사	18	명물	19	식후	20	동남
21	남자	22	교문	23	마당 장	24	불 화
25	작을 소	26	윗 상	27	대답 답	28	앞 전
29	아비 부	30	달 월	31	안 내	32	왼 좌
33	낮 오	34	일만 만	35	형 형	36	메 산
37	집 실	38	흙 토	39	서녘 서	40	아우 제
41	아래 하	42	바를 정	43	②	44	④
45	③	46	⑤	47	⑨	48	①
49	②	50	⑦	51	⑩	52	④
53	⑥	54	⑧	55	②	56	③
57	꼿꼿하게 바로 섬			58	어머니와 딸		
59	④	60	③				

해설

01 靑軍(청군)▸(푸를 청)(군사 군)
: (운동 경기 따위에서) 빛깔에 따라 편을 여럿으로 갈랐을 때, 푸른 쪽의 편.

03 海外(해외)▸(바다 해)(바깥 외)
: ① 바다의 밖. ② 바다 밖의 다른 나라.
→ '外'자의 대표 훈은 '바깥'이나 여기에서는 '외국'을 뜻합니다.

04 農活(농활)▸(농사 농)(살 활)
: '농촌활동(農村活動)'의 준말. 대학생들이 방학을 이용하여 농촌 일을 거들면서 노동의 의미와 농민의 실정을 체험하는 봉사활동.

05 木工(목공)▸(나무 목)(장인 공)
: 나무를 다루어서 물건을 만드는 일.

06 白金(백금)▸(흰 백)(쇠 금) : 은보다 단단하며 녹슬지 않는 은백색의 금속 원소.

08 自家(자가)▸(스스로 자)(집 가)
: ① 자기의 집 ② 자기 자체.

09 年間(연간)▸(해 년)(사이 간) : 한 해 동안.
→ '年'자의 본음은 '년'이나 여기에서는 두음법칙에 의해 '연'으로 읽고 적습니다.

10 不時(불시)▸(아닐 불)(때 시)
: ① 제철이 아닌 때. ② 뜻하지 아니한 때.
→ '不'자는 일부 명사 앞에 붙어서 '아님', '아니함', '어긋남'의 뜻을 더하는 접두사입니다.

12 生氣(생기)▸(날 생)(기운 기)
: 싱싱하고 힘찬 기운.
→ '生'자의 대표 훈은 '낳다'이나 여기에서는 '싱싱하다'를 뜻합니다.

13 四方(사방)▸(넉 사)(모 방)
: 동, 서, 남, 북의 네 방위.
→ 여기에서 '方'자는 '방위(方位)'를 뜻합니다.

14 電力(전력)▸(번개 전)(힘 력)
: 전류가 단위 시간에 사용되는 에너지의 양.
→ '電'자의 대표 훈은 '번개'이나 여기에서는 '전기'를 뜻합니다.

18 名物(명물)▸(이름 명)(물건 물)
: ① 어떤 지방의 이름난 사물 ② 남다른 특징이 있어 인기 있는 사람을 이르는 말.
→ '名'자의 대표 훈은 '이름'이나 여기에서는 '이름나다'를 뜻합니다.

20 東南亞(동남아)▸(동녘 동)(남녘 남)(버금 아)
: '동남아시아(東南Asia)'의 준말로, '아시아의 동

남부'를 뜻합니다. 지역적으로는 인도차이나 반도와 말레이 제도로 나누어지며, 베트남 · 인도네시아 · 필리핀 따위의 나라가 여기에 포함됩니다.

21 男子(남자)▸(사내 남)(아들 자)
: 남성(男性)으로 태어난 사람.
→ 여기에서 '子'자는 '사람'을 뜻합니다.

33 '午'자는 '牛(소 우)'자와 모양이 비슷하여 혼동하기 쉬운 글자입니다. '소[牛]'는 뿔이 달린 소의 모양을 보고 만든 글자이고, '午'자는 일곱째 지지地支에서 '말[馬]'을 상징합니다.

43 手動(수동)▸(손 수)(움직일 동) : 다른 동력을 이용하지 않고 손의 힘만으로 움직임.

44 車道(차도)▸(수레 차)(길 도) : 찻길.
→ '車'자는 쓰임에 따라 '차' 또는 '거'로 읽고 적습니다.

48 '姓'자의 뜻인 '성'은 '혈족을 나타내기 위하여 붙인 칭호'를 뜻합니다. 이는 주로 아버지와 자식 간에 대대로 이어 나갑니다.

55 王民(왕민)▸(임금 왕)(백성 민)
: '왕자지민(王者之民)'의 준말로, '임금이 다스리는 백성'이라는 뜻에서, 임금의 덕화(德化)를 입은 백성을 뜻합니다.
→ 여기에서 '王民'은 '임금과 백성'을 뜻하는 반대자입니다.

57 直立(직립)▸(곧을 직)(설 립) : ① 꼿꼿하게 바로 섬 ② 산 따위가 높이 솟아오름.
참 직립보행(直立步行) : 두 팔과 두 다리를 가진 동물이 뒷다리만을 사용하여 등을 꼿꼿하게 세우고 걷는 일. 주로 인간이 이동하는 형태를 이르는 말.

59 市(저자 시, 총5획)▸ 丶 亠 亠 冂 市

60 方(모 방, 총4획)▸ 丶 亠 亐 方

04회 기출 · 예상문제 99쪽~100쪽

01	흙 토	02	작을 소	03	아닐 불	04	나무 목
05	안 내	06	마디 촌	07	앞 전	08	손 수
09	인간 세	10	긴 장	11	곧을 직	12	기운 기
13	흰 백	14	말씀 화	15	해 년	16	아래 하
17	아우 제	18	평평할 평	19	번개 전	20	임금 왕
21	농민	22	매일	23	정답	24	서문
25	식수	26	교실	27	한강	28	남해
29	외가	30	좌우	31	한국	32	학교
33	화산	34	만물	35	성명	36	공중
37	시장	38	활력	39	시간	40	사방
41	상수도	42	자동차	43	③	44	⑦
45	⑥	46	⑧	47	①	48	④
49	⑤	50	②	51	⑩	52	⑨
53	①	54	④	55	④	56	①
57	아버지와 어머니			58	편안하고 온전함		
59	⑤	60	⑧				

해설

01 '土'자는 '士(선비 사)'자와 모양이 비슷하여 혼동하기 쉬운 글자입니다.

05 '內'자는 서체에 따라 글자의 모양이 '內', '内' 등으로 달라집니다. 시험에서는 두 가지 모두 정답으로 인정합니다.

06 '寸'자는 '才(재주 재)'자와 모양이 비슷하여 혼동하기 쉬운 글자입니다.

08 '手'자는 '千(일천 천)'자와 모양이 비슷하여 혼동하기 쉬운 글자입니다.

15 '年'자의 뜻인 '해'는 '지구가 태양을 한 바퀴 도는 동안'을 뜻합니다.

18 '平'자는 '乎(어조사 호, 3급)'자와 모양이 비슷하여 혼동하기 쉬운 글자입니다.

21 農民(농민)▸(농사 농)(백성 민)
: 농사짓는 일을 생업으로 삼는 사람.

22 每日(매일)▸(매양 매)(날 일)
: 날마다. 나날이. 그날그날. 하루하루.
→ '每'자의 뜻인 '매양'은 '번번이. 매 때마다'를 뜻합니다.

27 漢江(한강)▸(한수 한)(강 강)
: (태백산맥에서 시작하여 황해로 흘러드는) 우리나라 중부를 흐르는 강.

29 外家(외가)▸(바깥 외)(집 가)
: 어머니의 친정. 외갓집.
→ 여기에서 '外'자는 '외가(外家). 어머니나 아내의 친척'을 뜻합니다.

30 左右(좌우)▸(왼 좌)(오른 우)
: ① 왼쪽과 오른쪽 ② 옆이나 곁 또는 주변 ③ 주위에 거느리고 있는 사람 ④ 어떤 일에 영향을 주어 지배함.

33 火山(화산)▸(불 화)(메 산)
: 땅속의 마그마가 지각으로 터져 나와 많이 덮쳐 쌓여서 이루어진 산.

34 萬物(만물)▸(일만 만)(물건 물)
: 세상에 있는 모든 것.
→ '萬'자의 대표 훈은 '일만'이나 여기에서는 '온갖·모든'을 뜻합니다.

36 空中(공중)▸(빌 공)(가운데 중)
: 하늘과 땅 사이의 빈 곳.
→ '中'자의 대표 훈은 '가운데'이나 여기에서는 '그 범위의 안'을 뜻합니다.

38 活力(활력)▸(살 활)(힘 력)
: 살아 움직이는 힘.
→ 여기에서 '活'자는 '생기(生氣)가 있다'를 뜻합니다.

41 上水道(상수도)▸(윗 상)(물 수)(길 도)
: 먹는 물이나 공업 등에 쓰는 물을 위로 끌어올려 쓸 수 있도록 설치한 수도관.

42 自動車(자동차)▸(스스로 자)(움직일 동)(수레 차) : 동력으로 바퀴를 굴려서 땅 위를 움직이도록 만든 차.
→ '車'자는 쓰임에 따라 '차' 또는 '거'로 읽고 적습니다.

44 '軍'자는 '車'자와 모양이 비슷하여 혼동하기 쉬운 글자입니다.

51 '先'자는 '老'자와 모양이 비슷하여 혼동하기 쉬운 글자입니다.

52 '大'자는 '太(클 태)'자, '犬(개 견)'자와 모양이 비슷하여 혼동하기 쉬운 글자입니다.

54 工事(공사)▸(장인 공)(일 사)
: 토목이나 건축 따위의 일.

57 父母(부모)▸(아비 부)(어미 모)
: 아버지와 어머니.
→ 서로 뜻이 상대되는 한자로 결합된 한자어입니다.

58 安全(안전)▸(편안 안)(온전 전)
: 위험이 생기거나 사고가 날 염려가 없음.

59 學(배울 학, 총16획)
▸ ⺊ ⺊ ⺊ ⺊ ⺊ ⺊ ⺊ ⺊ 𦥑 𦥑 𦥑 𦥑 𦥯 學 學 學

60 海(바다 해, 총10획)
▸ 丶 丶 氵 氵 氵 汇 海 海 海 海

05회 기출·예상문제 101쪽~102쪽

01	시중	02	식수	03	활동	04	국립
05	사방	06	대가	07	농토	08	학장
09	도민	10	성명	11	전화	12	교내
13	모녀	14	문전	15	선생	16	평시
17	정답	18	삼촌	19	수공	20	안전
21	청년	22	오후	23	가르칠 교	24	아홉 구
25	작을 소	26	아래 하	27	남녘 남	28	형 형
29	곧을 직	30	달 월	31	아우 제	32	나무 목
33	아비 부	34	일만 만	35	수레 차/거		
36	쇠 금/성 김			37	불 화	38	바다 해
39	서녘 서	40	임금 왕	41	기운 기	42	마당 장
43	④	44	①	45	⑥	46	⑨
47	③	48	②	49	⑦	50	⑧
51	④	52	⑤	53	⑩	54	①
55	③	56	①	57	자기 혼자의 힘		
58	높은 하늘			59	③	60	⑦

해설

01 市中(시중)▸(저자 시)(가운데 중) : ① 도시 가운데. ② 사람들이 생활하는 공개된 공간.
→ '市'자의 뜻인 '저자'는 시장(市場), 시장의 가게를 뜻합니다.

04 國立(국립)▸(나라 국)(설 립) : 공공(公共)의 이익을 위하여 나라에서 세우고 관리함.
→ 여기에서 '立'자는 '세우다'를 뜻합니다.

06 大家(대가)▸(큰 대)(집 가)
: ① 전문 분야에서 권위를 인정받는 사람. ② 대대로 번창하는 집안.
→ '家'자의 대표 훈은 '집'이나 여기에서는 '전문의 학예·기술에 능한 사람'을 뜻합니다.

08 學長(학장)▸(배울 학)(긴 장)
: 단과 대학의 최고 책임자.
→ '長'자의 대표 훈은 '길다'이나 여기에서는 '우두머리·어른'을 뜻합니다.

09 道民(도민)▸(길 도)(백성 민)
: 그 도에 사는 사람.
→ '道'자의 대표 훈은 '길'이나 여기에서는 '우리나라 지방 행정 구역의 하나'를 뜻합니다.

14 門前(문전)▸(문 문)(앞 전) : 문의 앞쪽.
→ 여기에서 '門前'은 '골문(goal門) 앞'을 뜻합니다.

16 平時(평시)▸(평평할 평)(때 시)
: 특별한 일이 없는 보통 때. 평상시.
→ 여기에서 '平'자는 '보통 때'를 뜻합니다.

18 三寸(삼촌)▸(석 삼)(마디 촌)
: 아버지의 형제. 특히 결혼하지 않은 남자 형제를 이르거나 부르는 말.
→ 여기에서 '寸'자는 '친족 관계의 멀고 가까움을 나타내는 단위'를 뜻합니다.

19 手工(수공)▸(손 수)(장인 공)
: ① 손으로 하는 공예. ② 손으로 하는 일의 품삯.
→ '工'자의 대표 훈은 '장인'이나 여기에서는 '물건을 만드는 일'을 뜻합니다.

21 靑年(청년)▸(푸를 청)(해 년)
: 신체적·정신적으로 한창 성장하거나 무르익은 시기에 있는 젊은 남자.
→ 여기에서 '靑'자는 '젊음'을 뜻하고, '年'자는 '나이'를 뜻합니다.

22 午後(오후)▸(낮 오)(뒤 후)
: 낮 열두 시부터 밤 열두 시까지의 시간.
→ '午'자는 시간적으로 '오전 열한 시부터 오후 한 시까지'를 뜻합니다. 그래서 '낮 열두 시'는 그

가운데에 위치하므로 '정오(正午)'라고 합니다.

24 '九'자는 '力(힘 력)'자와 모양이 비슷하여 혼동하기 쉬운 글자입니다.

29 '直(곧을 직)'자는 ' → 直'과 같은 형태로 모양이 변한 것으로, '十(열 십)' + '目(눈 목)' + 'ㄴ(隱 : 숨을 은)'자를 결합하여 '여러 사람의 눈으로 숨어 있는 것을 바르게 보다'를 뜻합니다.

35 '車'자는 쓰임에 따라 소리가 달라지는 글자입니다.
→ 일반적으로 자동차, 기차처럼 동력의 힘으로 움직이는 것에는 '차'로 읽고, 사람의 힘으로 움직이는 것에는 '거'로 읽습니다.

36 '金'자는 쓰임에 따라 뜻과 소리가 달라지는 글자입니다.
→ '쇠, 돈, 금' 등을 뜻할 때에는 '금'으로 읽고, 혈족을 나타내기 위하여 붙이는 '성'을 뜻할 때에는 '김'으로 읽습니다.

38 '海(바다 해)'자는 '水(氵)'자와 '每(매 → 해)'자를 결합하여 만든 글자로, '水(氵)'자는 뜻을 담고, '每(매 → 해)'자는 소리를 담고 있습니다.

52 '東'자의 대표 훈인 '동녘'은 '동쪽'을 이르는 말입니다. '녘'은 '쪽'을 이르는 말이므로 '녁'으로 쓰는 것은 잘못입니다.

56 左右(좌우)▸(왼 좌)(오른 우) : ① 왼쪽과 오른쪽 ② 옆이나 곁 또는 주변 ③ 주위에 거느리고 있는 사람 ④ 어떤 일에 영향을 주어 지배함.

58 上空(상공)▸(윗 상)(빌 공)
: ① 높은 하늘. ② 어떤 지역 위에 있는 공중.
→ 여기에서 '空'자는 '하늘'을 뜻합니다.

59 道(길 도, 총13획)
▸ 丶 丷 䒑 䒑 产 产 首 首 首 首 道 道 道

60 男(사내 남, 총 7획)▸ 丨 冂 日 田 田 男 男

(사) 한국어문회 주관

한자능력 검정시험

쓰기연습

8급 ~ 7급Ⅱ

✔ 쓰기연습은 8급(50자), 7급Ⅱ(50자)의 순서로 총 100자를 '가나다 순'으로 실었습니다.

1 8급 쓰기연습

다음의 한자를 순서에 따라 한 획씩 쓰며 익혀봅시다.

한자	훈음(부수)	필순
教	가르칠 교(攴)	丿 乂 ㄨ 乄 … 教
校	학교 교(木)	一 十 才 木 木 杧 杧 杧 校 校
九	아홉 구(乙)	丿 九
國	나라 국(囗)	丨 冂 冂 冂 冂 冂 冂 冂 國 國 國
軍	군사 군(車)	冖 冖 冒 亘 軍
金	쇠 금, 성 김(金)	丿 人 亼 亼 今 全 金 金

도·움·글

- '國'자는 백성들[人口]과 땅[一]을 지키기 위해 국경[口]을 에워싸고 적이 침입하지 못하게 했다는 데에서, '나라[國]'를 뜻합니다.
- '軍'자는 전차[車] 주위를 둘러싸고[勹] 싸운다는 뜻이 합하여 '군사[軍]'를 뜻합니다.

2 8급 쓰기연습

한자	훈음(부수)	필순
南	남녘 남(十)	
女	계집 녀(女)	
年	해 년(干)	
大	큰 대(大)	
東	동녘 동(木)	
六	여섯 륙(八)	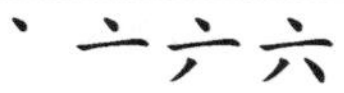

도·움·글

- '南'자는 울타리[冂]를 치고 많은 양[羊]을 기르는 곳이 남쪽 지방이므로 '남쪽[]'을 뜻합니다.
- '東'자는 태양[日]이 떠올라 나무[木] 사이에 걸쳐있는 모양[]을 본뜬 데에서, '동쪽'을 뜻합니다.

3 8급 쓰기연습

萬	일만 만(艸)	一 十 卄 艹 艹 芀 苩 苩 莒 萬 萬 萬
母	어미 모(毋)	乚 𠃌 毌 母 母
木	나무 목(木)	一 十 才 木
門	문 문(門)	丨 冂 冃 門 門
民	백성 민(氏)	乛 コ 尸 巳 民
白	흰 백(白)	丿 亻 白 白 白

도·움·글

- '民'자는 노예의 눈을 바늘로 찔러 눈 먼 사람[罒]이 된 모양을 본뜬 것으로, 아는 것이 없는[無知] 사람들이라는 데에서, '백성'을 뜻합니다.

4 8급 쓰기연습

父	아비 부(父)	丿 八 グ 父
北	북녘 북(匕)	丨 ㅓ 𠃊 北 北
四	넉 사(口)	丨 冂 冂 四 四
山	메 산(山)	丨 山 山
三	석 삼(一)	一 二 三
生	날 생(生)	丿 𠂉 𠂒 牛 生

도·움·글

- '山'자는 돌도 있고 높이 솟기도 한 산의 봉우리가 뾰족뾰족하게 이어진 모양[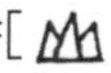]을 본뜬 것으로, '메'를 뜻합니다.
- '生'자는 아래의 一은 땅, 위의 屮은 풀이 자라는 것을 본뜬 것으로, 초목이 나고 차츰 자라서 땅 위에 나온다[]는 데에서 '낳다'를 뜻합니다.

5 8급 쓰기연습

西	서녘 서(襾)	一丆丙丙西西
先	먼저 선(儿)	丿𠂉牛生先先
小	작을 소(小)	亅小小
水	물 수(水)	亅刀水水
室	집 실(宀)	丶丶宀宀宀宀宀宀室
十	열 십(十)	一十

도·움·글

- '西'자는 새[弓=鳥]가 보금자리[囟]에 드는 때가 해가 질 때[[illegible]]라는 데에서, '서쪽'을 뜻합니다.
- '小'자는 아주 작은 물건[丨]을 다시 둘로 나누는[八] 모양[׀ ' ׀]을 본뜬 것으로, '작다'를 뜻합니다.

6 8급 쓰기연습

五	
다섯 오(二)	一 丆 五 五
王	
임금 왕(玉)	一 二 干 王
外	
바깥 외(夕)	ノ ク 夕 夘 外
月	
달 월(月)	丿 冂 月 月
二	
두 이(二)	一 二
人	
사람 인(人)	ノ 人

도·움·글

- '外'자는 길흉화복을 점[卜]치는 일은 보통 아침에 하는데, 저녁[夕]에 점을 치는 것은 정상에서 벗어나는 일[外]이라는 데에서, '밖, 바깥'을 뜻합니다.

7 8급 쓰기연습

日	
날 일(日)	丨 冂 月 日
一	
한 일(一)	一
長	
긴 장(長)	一 厂 F F 互 镸 長 長
弟	
아우 제(弓)	丶 丷 当 当 弟 弟 弟
中	
가운데 중(丨)	丨 口 口 中
青	青
푸를 청(青)	一 = ‡ 圭 丰 青 青 青

도·움·글

- '日'자는 해[☉]의 모양을 본떠서 만든 글자입니다.
- '弟'자는 활을 들고 노는 아우[ ]의 모습을 본떠서 만든 글자입니다.

8 8급 쓰기연습

한자	뜻·음(부수)	필순
寸	마디 촌(寸)	一 寸 寸
七	일곱 칠(一)	一 七
土	흙 토(土)	一 十 土
八	여덟 팔(八)	ノ 八
學	배울 학(子)	(필순 15단계) … 學
韓	나라 한(韋)	一 十 𠀁 古 … 韓

도·움·글

- '土'자는 위의 一은 땅의 표면을, 아래의 一은 땅 속을 본떠서, 땅 속에서 싹이 터서 땅의 표면을 뚫고 자라는 식물[ㅣ]을 기른다[Ω]는 데에서 '흙'을 뜻합니다.

9 8급 쓰기연습

兄							
형 형(儿)	丨 ㄇ 口 尸 兄						
火							
불 화(火)	丶 丷 少 火						

도·움·글

- '火'자는 불이 활활 타오르는 모양[]을 본뜬 것으로, '불'을 뜻합니다.

1 7급Ⅱ 쓰기연습

다음의 한자를 순서에 따라 한 획씩 쓰며 익혀봅시다.

家	
집 가 (宀)	丶 丷 宀 宀 宁 宇 家 家 家 家
間	
사이 간 (門)	丨 𠃌 𠃌 門 門 門 門 門 門 間 間 間
江	
강 강 (水)	丶 氵 氵 氵 汀 江
車	
수레 거/차 (車)	一 丅 百 百 亘 亘 車
空	
빌 공 (穴)	丶 丷 宀 宀 穴 空 空 空
工	
장인 공 (工)	一 丅 工

도·움·글

- '家'자는 '집 안[宀]에서 豕[돼지]를 기른다.'는 뜻을 결합하여 '집[家]'이라는 뜻을 나타내는 글자입니다.

2 7급Ⅱ 쓰기연습

한자	훈음 (부수)
記	기록할 기 (言)
氣	기운 기 (气)
男	사내 남 (田)
內	안 내 (入)
農	농사 농 (辰)
答	대답 답 (竹)

도·움·글

- '男'자는 '남자[男]는 들[田]에 나가서 농사일에 힘써야 한다[力]'는 뜻을 나타냅니다.

3 7급II 쓰기연습

한자	훈음 (부수)	필순
道	길 도 (辶)	丶 丷 ⺍ 䒑 广 䒑 首 首 首 首 首 道 道
動	움직일 동 (力)	一 二 千 斤 斤 台 首 重 重 動 動
力	힘 력 (力)	丁 力
立	설 립 (立)	丶 亠 亣 立 立
每	매양 매 (毋)	丿 𠂉 仁 乍 每 每 每
名	이름 명 (口)	丿 夕 夕 夕 名 名

도·움·글

- '道'자는 '사물의 끝, 가서 닿는 곳'을 뜻하는 '머리[首]'와 '가다[辵=辶(착)]'는 뜻을 결합한 글자[衜]로, '걸어 다니는 길, 한 줄기로 뻗어 나간 길'을 뜻합니다.
- '名'자는 저녁[夕]에는 어두워 상대방을 볼 수 없으므로 입[口]으로 자기가 누구인가를 밝히기 위해 '이름을 대는 것[ㅂ)]'을 뜻하는 글자입니다.

4 7급II 쓰기연습

한자	훈음 (부수)	필순
物	물건 물 (牛)	ノ 𠂉 牛 牛 牜 牞 物 物
方	모 방 (方)	丶 亠 亏 方
不	아닐 불 (一)	一 丆 不 不
事	일 사 (亅)	一 𠂇 戸 𠮷 亊 亊 亊 事
上	윗 상 (一)	丨 ⺊ 上
姓	성 성 (女)	ㄑ 女 女 女 女 女 姓 姓

도·움·글

- '不'자는 새가 날아 올라가서 내려오지 않는 모양[ ]을 본떠서 만든 글자입니다.
- '事'자는 깃발을 단 깃대를 손으로 세우고 있는 모양[ ]을 본떠서 '역사의 기록을 일삼아 간다.'는 것을 뜻합니다.

5 7급Ⅱ 쓰기연습

한자	훈음 (부수)	필순
世	인간 세 (一)	一 十 廿 廿 世
手	손 수 (手)	一 二 三 手
時	때 시 (日)	丨 冂 日 日 日一 日十 日土 日圭 時 時
市	저자 시 (巾)	丶 亠 亣 市 市
食	먹을 식 (食)	丿 人 人 今 今 今 食 食 食
安	편안 안 (宀)	丶 丶 宀 安 安 安

도·움·글

- '世'자는 세 개의 十[10]을 합치고 그 아랫부분을 끌어서 길게 이어가는 모양[世]을 나타내어, 대략 30년이면 한 세대가 이어지는 것을 뜻합니다.
- '安'자는 집안[宀]에 여자[女]가 있으니 집안일을 제대로 돌보아 온 집안이 편안하다[安]는 뜻을 나타내는 글자입니다.

6 7급II 쓰기연습

한자	훈음 (부수)	필순
午	낮 오 (十)	ノ ⺈ 𠂉 午
右	오른 우 (口)	ノ ナ 𠂇 右 右
自	스스로 자 (自)	′ 丨 冂 白 自 自
子	아들 자 (子)	ㄱ 了 子
場	마당 장 (土)	一 十 土 𡈼 坦 坦 坦 埋 場 場 場 場
電	번개 전 (雨)	一 ㄏ 冖 币 币 雨 雨 雨 雨 雷 雷 雷 電

도·움·글

- '自'자는 사람의 코 모양[]을 본뜬 글자로, 태아의 코가 가장 먼저 생긴다는 데에서 '始[시작]'자의 뜻과 통하여 '…로부터'의 뜻을 나타내기도 합니다.

7 7급II 쓰기연습

한자	훈음 (부수)	필순
前	앞 전 (刀)	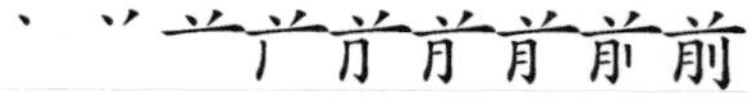
全	온전 전 (入)	
正	바를 정 (止)	
足	발 족 (足)	
左	왼 좌 (工)	
直	곧을 직 (目)	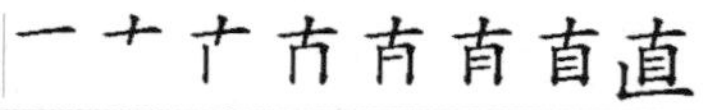

도·움·글

- '足'자는 '무릎'을 본뜬 '口'와 '정강이부터 발목까지'를 본뜬 '止'를 합하여 '무릎부터 아래' 즉 '발'의 모양 [𧾷]을 본뜬 글자입니다.

8 7급II 쓰기연습

平	
평평할 평 (干)	一 丆 丆 丆 平
下	
아래 하 (一)	一 丅 下
漢	
한수 한 (水)	丶 冫 氵 氵 汁 泄 泄 泄 淓 渼 渼 漢 漢 漢
海	
바다 해 (水)	丶 冫 氵 氵 氵 汇 海 海 海 海
話	
말씀 화 (言)	丶 亠 亠 亠 言 言 言 言 訁 訐 訐 話 話
活	
살 활 (水)	丶 冫 氵 氵 汘 汘 汘 活 活

도·움·글

- '海'자는 뜻을 나타내는 물[氵=水]과 소리를 나타내는 每[매 → 해]가 결합한 글자[形聲]로, '하늘의 못[天池]'이며, '모든 냇물을 받아들이는 바다'라는 뜻을 나타냅니다.

9 7급Ⅱ 쓰기연습

孝							
효도 효 (子)	一 + 土 耂 耂 考 孝						
後							
뒤 후 (彳)	ノ ク 彳 彳 彳 彸 後 後 後						

도·움·글

- '孝'자는 아들이 노인을 잘 봉양한다는 데에서, 부모나 조상을 잘 섬김[孝]을 뜻합니다.
- '後'자는 발걸음[彳]을 조금씩[幺] 내딛으며 뒤처져온다[夂]는 데에서 '뒤[後]'를 뜻합니다.

한자능력 검정시험

8급 / 7급Ⅱ

- **인　쇄** · 2024년 2월 5일
- **발　행** · 2024년 2월 10일

- **엮은이** · 원 기 춘
- **발행인** · 최 현 동
- **발행처** · 신 지 원

저자와의 협의하에 인지 생략

- **주　소** · 07532
  서울특별시 강서구 양천로 551-17, 813호(가양동, 한화비즈메트로 1차)

- **T E L** · (02) 2013-8080~1
  F A X · (02) 2013-8090
- **등　록** · 제16-1242호
- **교재구입문의** · (02) 2013-8080~1

정가 15,000원

ISBN 979-11-6633-401-6 15710